우리가 스마트폰 속으로
빠져드는 이유

초판 1쇄 발행 2016년 11월 15일
초판 3쇄 발행 2020년 11월 10일

지은이 김현정
펴낸이 이지은 **펴낸곳** 팜파스
기획편집 박선희
디자인 조성미 **마케팅** 김서희, 김민경
인쇄 범선문화인쇄

출판등록 2002년 12월 30일 제 10-2536호
주소 서울특별시 마포구 어울마당로5길 18 팜파스빌딩 2층
대표전화 02-335-3681 **팩스** 02-335-3743
홈페이지 www.pampasbook.com | blog.naver.com/pampasbook
이메일 pampas@pampasbook.com

값 12,000원
ISBN 979-11-7026-126-1 (43180)

이 도서의 국립중앙도서관 출판시도서목록(CIP)은 서지정보유통지원시스템 홈페이지
(http://seoji.nl.go.kr)와 국가자료공동목록시스템(http://www.nl.go.kr/kolisnet)에서
이용하실 수 있습니다.(CIP제어번호: CIP2016025060)

우리가 스마트폰 속으로 빠져드는 이유

김현정 지음

팜파스

들어가며

저 앞에 우리 동네에서 잘 알고 지내는 고등학교 2학년 빈이가 걸어가고 있어. 축 늘어진 어깨에 힘없이 걷는 뒷모습이 마음에 걸려 애써 밝게 인사를 걸었단다.

"빈아! 잘 지내?"
"어~ 안녕하세요….”
"왜 이렇게 힘이 없어?"
"오늘 시험 성적이 나왔는데 등급이 떨어졌어요.”

빈이는 그대로 들어가면 공부에 집중할 수 없다면서, 게임을 한 판 하고 마음을 다잡겠다며 PC방으로 발걸음을 돌렸어. 빈이는 중학교 때 게임으로 엄마와 갈등을 심하게 겪었어. 그때 빈이의 엄마는 중독이라고 빈이를 다그쳤고, 빈이는 아니라고 팽팽하게 맞섰지. 한번은 엘리베이터 앞에서 스마트폰을 만지작거리며 몰두하고 있는 빈이에게 엄마가 몹시 화를 내는 걸 본 적이 있어.

 "넌 집에서도 게임인데 밖에서도 또 게임이야? 잠시라도 폰을 손에서 놓지를 않아. 너! 중독이야. 치료 받아야 돼!!"
 "무슨 중독이야. 애들도 다 이만큼은 해!"
 "너 같이 많이 하는 애가 또 있겠니? 난 아무리 봐도 너 같이 하는 애는 못 본 것 같다."
 "엄마가 애들을 얼마나 봤다고 그래? 그리고 나도 공부할 때는 하고, 게임하는 거라고!"
 "나 같으면, 그 게임하는 시간에도 공부하겠다. 공부를 안 할 거면 차라리 잠을 자. 그게 낫지. 너 게임 때문에 숙제도 미루고 학원도 빠진 적이 있잖아. 맨날 스마트폰을 붙들고 살면 그게 중독이지 뭐가 중독이야?"
 "엄마랑은 얘기가 전혀 안 통해. 엄마는 정말 하나도 이해를 못 해요."
 "지가 얼마나 게임을 많이 하는지는 생각 안 하고 맨날 말하는 사람만 나쁘다고 그러지. 내가 너를 왜 이해 못 해? 게임하느라 늦

게 일어나고, 학교 가서도 게임만 하는 애를 대체 어디까지 이해
해야 하는데? 넌 도대체 커서 뭐가 되려고 그러니?"

"내가 학교에서 공부하는지 게임하는지 엄마가 봤어? 뭐가 되
든 되겠지!!"

쌤은 그때 빈이의 표정을 보고 안타까운 마음이 들었어. 자신은
분명 중독이 아닌데 중독으로 몰리는 기분에 억울해져서는 얼굴
이 새빨개졌지. 엄마는 왜 빈이에게 그렇게까지 말을 한 걸까? 아
들에게 중독이라고 말하며 치료를 받아야 한다고 소리를 지르는
엄마도 나름 사정은 있을 거야. 그래도 쌤은 마음이 답답해졌어.
빈이가 얼마나 스트레스를 받는지 그 마음을 보여주고 싶단 생각
이 들었단다.

빈이 또래 친구들이 자신의 미래를 생각할 때 얼마나 불안한 마
음이 드는지, 스트레스가 쌓이는 데도 이것을 풀 만한 다른 루트
가 없는 현실이 얼마나 답답한지 좀 더 이야기해야겠다고 마음먹
게 되었어. 그리고 스마트폰 같은 사이버 세상에서 무엇을 얻을
수 있는 것인지, 부모님도 그리고 빈이와 같은 친구들도 사이버
세상과 연결된 자신의 모습을 좀 더 다층적으로 살펴볼 기회가 있
으면 좋겠다는 생각도 들었어.

쌤은 그동안 인터넷이나 스마트폰과 같은 사이버 세상의 일로 일상에 문제를 겪거나, 부모님과 갈등을 겪는 친구들을 많이 만나 왔어. 많은 일들이 있었지만, 현상만 보고 무조건 스마트폰 중독, 게임 중독으로만 치부해버릴 일들이 아닌 경우가 훨씬 더 많았단 다. 십 대 친구들도 그렇고, 부모님도 그렇고 마음속에 해결되지 않는 불안, 불만, 관계 그리고 스트레스가 서로 충돌해 더 안 좋게 흘러가고 있었던 거지. 한편으로는 사이버 세상에서 즐거움을 느 끼고 푹 빠져 살면서 현실에서는 재미가 뭔지 실제로 모르는 친구 들도 많았어. 중요한 것은 현실 속 자신이 행복하고 만족스러워야 사이버상에서 얻는 재미도 내게 유효한 효과를 준다는 거야. 일시 적으로 재미와 만족만 주고 증발하는 것이 아니라, 스트레스를 해 소하고 이로운 감정을 경험하려면 현실의 진짜 나 역시 매우 중요 해. 게임을 하고 나서, 혹은 SNS나 채팅 등을 하고 나서 여전히 허무하고 마음 한편에 불만이 남아 있다면, 그것은 진짜 마음이 배부르지 않기 때문이야.

우리의 세상은 점점 과학적으로 변해가고, 오프라인만큼 온라 인의 비중도 점차 커지고 있어. 이러한 때 무조건 온라인 생활을 하지 말라고 말하는 것도 적응적이지 않다고 봐. 그래서 쌤은 너희 들이 오프라인의 세상과 온라인의 세상에서 균형을 잡아가며 자 신을 잘 완성해나가는 사람으로 커가길 바라는 마음에 이 책을 시작했어. 우리는 일상 속에서 사이버 세상과 관련된 작은 조언들을 들으며 살아갈 수는 있지만, 온오프 통합적인 관점에서 자기를 보는 기회를 갖는 것은 사실 힘들어. 이 책을 통해 온라인과 오프라인에 연결된 자신을 찾고 통합적으로 바라보게 되었으면 좋겠어. 그렇게 되면, 지금 무엇이 더 중요한지, 그리고 자기 삶의 주인공으로 걸어가는 길이 무엇인지를 더 뚜렷하게 볼 수 있을 테니까.

마지막으로 이 책이 나오기까지 도움을 준 분들께 감사의 인사를 전하고 싶어. 바쁜 일로 오래도록 글을 쓰지 못하고 있을 때에도 신뢰하며 기다려준 팜파스 출판사와 전체 기획방향과 섬세하게 내용을 확인하며 격려를 아끼지 않은 박선희 에디터님께 감사한 마음을 전하고 싶다. 늘 기도하며 응원해주는 어머니와 가족들, 기도로 함께해주시는 목양교회 믿음의 식구들, 따뜻한 위로의 마음을 함께 해주는 동료 상담 선생님들과 친구들에게 감사를 드리며… 그리고 말할 수 없는 사랑으로 나를 품어주시는 내 삶의 전부, 하나님 아버지. 모든 기쁨을 받으시고 우리 청소년들이 각자의 빛깔로 영롱하게 빛나는 삶을 살 수 있도록 도와주시기를.

김현정

차례

행복한 십 대를 위한 디지털 라이프 길잡이

야무진 십 대들의 똑 소리 나는 온오프(on-off) 생활 밸런스 잡기

무조건 금지는 NO!
디지털 세대,
십 대들의 이유 있는 항변

chapter 1

엄마 없이는 살아도
스마트폰(인터넷) 없이는
못 살아요

오늘도 일어나라고 말하는 마녀의 데시벨(dB)은 90dB(경고음 수준)을 넘어 110dB을 찍는 듯하다. 그러거나 말거나~ 민재는 여전히 침대를 뒹굴고 있다. 눈은 떴지만 일어나기가 싫어서 민재는 스마트폰을 보며 슬쩍 시간을 확인한다. 그러고는 밤새 카톡 방에 무슨 이야기가 떴는지를 훑어보고 'ㅠㅠ', 'ㅇㅇ', 'ㅋㅋ', 'ㅎㅎ' 등을 몇 개의 대화 창에 날려준다.

학교로 걸어가며 민재는 스마트폰을 꺼내서 친구 보석이에게 카톡을 날린다.

'나왔어? 어디야?'

'편의점.'

'알쓰~ 갈게.'

보석이가 스마트폰의 t-money 카드로 결제하며 삼각김밥을 건넨다. 맛있다. 엄마는 우리가 굶는다고 생각하지만 천만의 말씀!

학교에 도착해서 민재는 주머니를 만지작거린다. 스마트폰이 있다는 것만으로도 든든하다. 그런데 이런 젠장! 또 당번이 스마트폰을 걷고 있다. 하지만 민재는 거의 반납한 적이 없다. 아무래도 스마트폰이 없으면 하루가 제대로 흘러가는 것 같지 않다. 민재는 당번에게 "안 가져왔어."라고 거짓말하며 아무렇지 않게 자리에 앉았다.

지루한 수업이 끝나고 드디어 하교할 시간, 민재는 부리나케 가방을 챙기고 보석이와 눈빛을 교환한다. 원래대로라면 집에 가서 밥을 먹고 학원에 가야 하겠지만 오늘은 PC방에 가서 '카스(카운터 스트라이커)'를 한판 뜨기로 한 날이다. 민재는 PC방에 가서 정신없이 게임을 했다. 그때 앞에 있는 폰에서 '카톡'이 울렸다. 민재는 흘낏 눈으로 살폈지만, 이내 게임에 집중했다. 잠시 후 또 카톡이 연타를 날린다. 카톡 내용이야 또 뻔했다.

'너 어디야? 너 자꾸 이런 식으로 할 거야?'

'엄마가 학원은 재 시간에 가랬지?'

'너 이따 봐. 지베 오기만 해봐'

'왜 답 안해?'

엄마의 문자나 카톡은 언제나 테러 수준이다. 오타도 많고 정말 수준 떨어진다…. 여기에 대처하는 요령은 'ㅇㅇ(응)'이다. 그래야 엄마의 테러가 멈추니까. 민재는 30분 늦게 학원에 들어섰고, 수업을 들었다.

학원에서 집에 돌아온 민재는 형이랑 늦은 저녁을 먹으면서 또 반 친구들과 카톡을 한다. 동영상을 보고 서로 낄낄거리며 답을 하고, 연예인 뒷담화를 공유한다. 그 모습을 보고는 엄마가 또 한 소리를 한다.

"밥 먹는 동안만이라도 스마트폰 좀 어떻게 할 수 없어?"

"응~. 좀만요."

민재는 대충 대답하며 밥을 먹고 나서, 방에 들어와 공부를 한답시고는 책을 펴고 책상에 앉았다. 그렇지만 손에 든 스마트폰에 시선이 머물러 있다. 페이스북을 하고 인스타그램에 사진을 올리느라 시간이 또 간다. 그렇게 하루가 마무리된다.

❋ ▶ ❋

엄마는 벌써 30분째 벽시계를 쳐다보고, 방에 들어가 민재를 깨우고, 식탁에 밥을 차리는 걸 반복하고 있다. 그래도 민재는 감감무소식이다. 엄마는 참다못해 결국 고함을 친다.

"안 일어날 거야?"

민재는 일어난 지 꽤 된 것 같은데 계속 방에서 나오지 않는다. 결국 시간이 부족해 아침도 먹지 못하고 나가 버렸다. 엄마는 민재가 밥을 안 먹고 가는 게 속상하다.

'뭐 굶을 녀석은 아니지만 그래도 집에서 밥을 챙겨먹어야 몸이 건강할 텐데.'

'그놈의 스마트폰! 그거 하느라 우리 아들이 지각하고, 밥도 못 먹은 거 아니야?'

엄마는 식탁을 정리하며 모든 원흉이 스마트폰에 있다고 생각한다. 그도 그럴 것이 민재의 모든 일상에는 스마트폰이 중심에 있다. 민재는 화장실에 갈 때도 스마트폰을 들고 간다. 제발 화장실에 갈 때는 그냥 가라고 말해도 듣지를 않는다. 그래 놓고 치질 증상을 하소연을 한다. 변기에 앉아 오랫동안 스마트폰을 보고 있으니 증상에 좋을 리 없다. 그저 엄마는 속이 터질 따름이다.

'병원에 가서 치료까지 받았는데, 스마트폰을 들고 또 화장실에 들어가니 원. 학교에서 하루 종일 앉아 있으려면 얼마나 아플까.'

엄마는 민재가 수업을 마칠 시간이 되면 마음이 불안해진다.

'또 학원에 안 가는 거 아냐?'

지난번에는 PC방에 가느라 학원에 빠진 게 걸려서 아버지가 집에 있는 컴퓨터도 없앤다며 난리도 아니었다. 엄마는 부자가 서로 으르렁대며 싸우는 것이 싫다. 학원에서 애들한테 신경을 좀 써야 된다는 전화를 받는 것도 싫고, 이웃집 엄마랑 아이들 성적으로 비교당하는 것도 싫다. 엄마는 또 민재에게 학원에 가야 한다는 문자를 보냈는데, 답이 없다. 불안하다. 또 카톡을 날린다. 민재는 엄마의 톡과 문자를 한참 씹은 다음에야 'ㅇㅇ'이라고 답한다. 속에서 열불이 나지만 그래도 안심은 된다. 대답이 왔으니까. 그래도 민재가 답을 안 할 때마다 거절당한 것 같고, 엄마로서 밀려나는 것 같은 기분이 든다.

저녁 식사 때는 모처럼 두 아들과 대화를 하는 시간이다. 하지만 오늘도 민재는 카톡을 하느라 엄마가 오늘 저녁을 위해 어떤 반찬을 만들었고, 자신을 얼마나 생각하는지에는 관심이 없다. 민재 엄마는 요즘 민재와 부쩍 멀어진 기분이 든다. 이게 다 민재가 스마트폰에 빠져서인 것 같다. 🙂

쌤은 전에 인터넷을 지나치게 많이 하는 청소년을 치유하는 캠프를 진행한 적이 있어. 그때 부모와 자녀가 서로에게 부탁하고 싶은 얘기를 하는 시간을 가졌거든. 한 엄마는 "밥 먹을 때는 스마트폰을 하지 않았으면 좋겠다"고 말했고, 아이는 "엄마가 일어나라고 자꾸 말하지 않았으면 좋겠고, 학원에 갔냐고 문자 안 보냈으면 좋겠고, 화장실에서 무얼 하든 신경 쓰지 않았으면 좋겠고, 저녁 먹을 때도 친구들과 얘기하는 걸 방해하지 않았으면 좋겠다."고 말했어.

맞아. 바로 민재네야. 아들은 엄마가 스마트폰을 쓰는 자신을 이해하지 못한다고 믿었고, 엄마는 스마트폰이 아이와 엄마 사이를 갈라놓는다고 했지. 서로 대화를 해나가면서 아들과 엄마는 문제가 스마트폰이 아니라는 것을 알게 되었어. 아들은 엄마가 자신을 아낀다는 진심을 알지 못했던 거고, 엄마는 아들이 엄마를 싫어해서 스마트폰을 하는 게 아니라는 걸 몰랐던 거지.

그 캠프는 12일간 진행되는데, 캠프에 참가한 학생들은 캠프 기간 동안 인터넷이나 스마트폰을 사용할 수 없어. 처음 하루 이틀은 불평하고 짜증을 많이 냈는데 시간이 지나면서 다들 캠프의 생활을 차츰 즐기게 되더라. 그 시간 동안에는 여러 대체 활동(운동, 미션 완수 게임, 요리 경연, 공연 준비, 공방 활동, 물총 싸움, 보드게임 등)을 하면서 보냈어. 학생들은 "이렇게 친구들과 함께 노는 게 더 재미있네요.", "게임을 이렇게 오래 안 할 수도 있다니, 저도 놀라웠어요. 이제부터 게임을 좀 줄여야겠어요."라는 소감을 나누기도 했어.

캠프 동안에는 부모님을 보지 못하다가 1박 2일로 부모님을 만나는 날이 있어. 바로 부모님을 초청해서 '가족 캠프'를 하는 날이야. 처음에 캠프에 들어올 때만 해도 부모님과 말도 안 하고 짜증만 내던 친구들이 어느 순간 부모님을 기다리고 있었지. 오랜만에 본 부모님께 스스로 변한 모습을 보이려고 노력하는 친구들의 모습이 쌤은 참 보기 좋았어.

한 학생은 부모님을 보기 싫다고 하더니 막상 부모님이 오시는 날이 되니까 '혹시 우리 부모님만 오지 않으면 어쩌지' 하고 걱정하기도 하더라고. 부모님이랑 같이 활동하는 게 불편할 거라고 생각했던 아이들도 막상 프로그램에 들어가니 점차 태도가 변해갔어. 부모님을 만나서 체육대회도 하고, 작품도 같이 만들고, 서로 이야기도 하고. 부모님 앞에서 공연도 하면서 좀 더 멋진 사람이 되었다는 것을 보여주고 싶은 것 같았어.

나중에 가족 캠프가 끝나고 소감을 나눌 때 "부모님의 소중함을 깨달았다.", "게임만 하고 부모님을 쳐다보지 않을 때 부모님이 얼마나 속상했을지 알 것 같다."는 의견도 들려주었지. 부모님들도 아이에 대해 제대로 알지 못했고, 왜 게임을 하는지 이해하려고 하지 않아서 미안하다고 얘기를 하셨어.

캠프에서의 시간은 우리의 일상과 과연 무엇이 달랐던 걸까? 쌤은 스마트폰이 정말 좋고 유용하기는 한데, 가끔 스마트폰을 하느라 중요한 것을 놓치고 있지는 않은지를 생각해봤으면 해. 우리가 서로 눈을 마주치고 이야기할 시간, 옆에 있는 사람과 함께 고기도 구워 먹고 서로의 하루를 공유하는 것, 더 관심을 가져주고, 더 관심을 표현하는 것, 혹시 그런 것들을 놓치고 있지는 않니? 만일 지금 부모님이 잔소리가 심하고 같이 있으면 불편하다고 생각하고 있다면, 이런 것들을 시도해 봐. 시도하고 나면 어쩌면 부모님이 정말 불편한 게 아니었음을 깨닫게 될 수도 있어. 어쩌면 같이 시간을 보내지 않았기 때문에 나랑 안 맞고 불편하다고 생각하는 것일 수도 있단다. 하루에 잠시도 함께하지 못해서 부모님과 할 말이 없는 것일 수도 있어. 서로의 진심을 모르고 오해한 것일 수도 있고. 쌤은 너희가 스마트폰을 하느라 내 옆에 있는 사람들, 부모님, 가족과 나누는 시간을 빼앗기지 않았으면 좋겠어.

　캠프에 있는 친구들은 누구도 자신이 그렇게 인터넷, 혹은 스마트폰을 많이 하고 있다고 생각하지는 않았단다. 실제로 많은 십대 친구들이 스스로 게임을 적당히 하고 있고, 인터넷 사용에 별 문제가 없다고 여겨. 하지만, 캠프에서의 시간을 보내면 자신의 하루에서 스마트폰이 없었던 적이 거의 없었다는 것을 깨닫고는 해. PC방에 앉아서 게임하는 시간만 꼭 인터넷을 하는 것은 아니야. 수시로 톡을 확인하고, 연예뉴스를 보고, 웹툰을 보는 것은 짧지만 무척이나 많은 빈도로 일어나. 거의 하루 내내 영향을 준다고 볼 수 있단다. 많은 친구들이 캠프에 와서야 자신의 하루가 현실 세계가 아닌 디지털 세계가 중심이 되어 지나갔음을 알게 돼.

쌤은 너희가 디지털 세상의 재미만이 아닌 진짜 세상의 재미도 알았으면 해. 무조건 스마트폰을 하지 않는 것이 아니라, 주인으로서 이용하는 자세를 취하는 거지. 세상에서 나의 자리를 찾고, 주체적인 일상을 만들어갔으면 좋겠어. 디지털 세상이 주인공이 아닌, 내 자신이 주인공이 되는 삶을 살았으면 해. 인간이 편하려고 만든 도구에 노예가 되어가는 일이 없었으면 해. 그러기 위해서 현실 속 나 자신을 멋지게 만드는 것에 관심을 가져보자.

게임은
우리의 유일한
휴식처라구요

　쌤이 게임에 관한 연구를 하기 위해 몇몇 학생들을 인터뷰한 적이 있어. 그냥 보통 평범한 학생들이었어. 중학교 2~3학년 학생도 있었고, 고등학생도 있었지. 어떤 학생들은 게임이 오히려 재미없고 못하니까 하기 싫다는 학생도 있었고, 시간을 많이 뺏겨서 하기 싫다는 학생도 있었지만 그래도 대다수는 게임을 하는 동안 즐겁고 심심하지 않다고 하더라. 게임을 하는 동안에는 근심이나 걱정이 사라지는 것 같다고도 하고. 그래서 학원을 땡땡이치고 PC방에 간 적도 한두 번씩은 있다고 했어. 명절 같은 연휴에는 밤을 꼬박 새우며 렙업(레벨 업)하려고 게임에 매달린 경험도 있었다고 해. 아이템을 사려고 아빠 엄마의 휴대폰이나 카드로 결제한 적도 있고….

어떤 아이들은 마치 모험담을 얘기하듯 눈을 반짝거리며 자랑하더라고. 하루 종일 게임만 하면 좋겠다고 말하는 친구들의 말에 쌤은 어떤 아쉬움을 느낄 수 있었거든. 생각해보니 너희들이 그렇게 반짝이는 눈빛으로 열정적으로 이야기할 것이 많지 않은 것 같기도 하고.

이런 쌤의 모습이 뭔가 자신들을 좋게 보지 않는 것 같다고 여겼는지 한 아이가 억울한 표정으로 나에게 얘기하더구나. 그런데 그 이야기가 사춘기 투정으로만 들리지는 않았어. 그 아이의 말이 끝나기가 무섭게 다른 친구도, 또 다른 친구들도 억울한 마음을 하나둘 꺼내놓기 시작했거든.

"쌤, 우리가 얼마나 힘들게 사는지 아세요? 학교에 가면 쌤들이 공부 잘하는 애들만 좋아하지. 저같이 어정쩡한 애는 거들떠보지도 않아요. 요즘은 중간고사가 다가온다고 쉬는 시간에도 가만히 앉아서 공부만 하래요. 그럼 저처럼 가만히 앉아 있으면 좀이 쑤시는 애들은 어떻게 버텨요?"

"맞아요. 저희도 스트레스 많이 받는다구요. 학교에 가면 쌤들이 공부해라, 조용히 해라, 장난하지 마라, 그런 말들을 귀가 따갑게 듣고요. 집에 가면 엄마가 게임 그만해라, 스마트폰 그만해라, 공부해라, 친구와 전화 길게 하지 마라, 온갖 하지 말라는 얘기만 한다고요. 우리가 뭐 금지 기계인가요? 우리가 공부 기계는 아니잖아요."

"어른들은 우리의 하루가 얼마나 빡센지 몰라요. 하루에 학원을 두세 개씩 가고요. 집에 가면 10~11시인데 잠깐 쉬려고 TV 앞에 앉으면 엄마가 바로 눈치 줘요. 무조건 바로 책상 앞에 앉아서 책 보는 시늉이라도 해야 해요. 일찍 잠들지도 못하게 한다구요. 우리는 정말 자유가 없어요. 학교와 학원을 뺑뺑이 돌듯이 돌아다니는데 그럼 언제 친구랑 놀아요?"

"주말이요? 주말에는 특강 들으러 학원에 가야죠. 어쩌다 시간이 나서 친구랑 농구라도 한판 하고 싶어도 친구가 없어요. 그 애들도 학원 가거든요."

“야! 친구 있음 뭐하냐. 돈도 있어야지. 영화라도 보고 햄버거라도 먹으려면 만오천 원은 넘게 있어야 돼. 그걸 매주 하면 우리 엄마는 공부하라는 말에, 돈 적게 쓰라는 말까지 갖다 붙일걸!”

“노래방에 가도 돈, 떡볶이를 사먹어도 돈, 작은 쇼핑이라도 하려면 돈, 음료수를 사먹으려고 해도 돈…. 근데 학생이 돈이 어디 있어요. 그러니까 우리가 게임을 할 수밖에 없어요.”

“게임을 잘하면 오히려 돈도 벌 수 있어요. 템(아이템)을 팔면 돈이 되고, 잘하는 애들은 남의 캐릭(캐릭터)을 키워주고 렙업(레벨 업)시켜주는 대가로 돈을 받기도 하거든요.”

“아이씨, 그러니까 또 생각나네. 지난번에 내 템을 사간다고 해서 넘겼는데 아이디만 바꾸고 먹튀(먹고 튀는)한 놈이 있어. 경찰에 신고해야 하는데 잡아봤자, 소용없고… 생각만 해도 짜증나.”

“야! 게임하는 애들 중 먹튀 안 당한 애는 한 명도 없을 걸. 난 최고 1억도 잃어 봤어.”

이 아이들의 수다는 끝이 없었어. 쌤은 이 친구들의 말을 들으면서 생각보다 너희의 하루가 참 치열하다는 것을 느꼈어. 어른들이 볼 때는 배움이 중요한 시기이므로, 계속 너희에게 공부를 하라는 이야기를 하는 거겠지만, 듣는 입장에서는 공부가 경쟁처럼 느껴질 수도 있고, 그것으로 인한 압박감도 장난이 아닐 거야.

그에 비해서 따로 휴식을 취하거나 취미활동을 하는 시간들은 턱없이 부족하기도 해. 딱히 스트레스를 푸는 별다른 방법이 있는 것도 아니고, 마음 놓고 친구를 만나고 놀 수 있는 환경도 아니야. 학교, 학원을 다람쥐 쳇바퀴 돌듯이 돌고 도는 너희들의 모습을 생각하니 정말 안쓰럽다는 마음도 들었단다. 어른들은 그래도 너희보다는 스트레스를 풀 수 있는 방법들이 다양하게 있지만, 너희는 그나마도 허락되지 않으니 더 할 거야.

생각해보니, 쌤도 공부가 참 싫었던 것 같아. 만약 내가 처음부터 잘해서 부모님이나 사람들이 인정해준다면 재미도 있고, 할만도 하겠지만, 그렇지 않으면 참 어려운 게 공부 같아. 그런데 게임은 달라. 공부보다 훨씬 쉽고 빠르게 잘할 수 있는 방법들이 많이 있지. 게임은 몇 시간, 몇 천 원만 투자하면 뚝딱 상위권으로 진입하기도 해. 그리고 하다 보면 여러 기술이 반복되는 것이라 좀 익숙해지면 훨씬 수월해지잖아. 하지만 공부는 하루 세 시간씩 꼬박 꼬박 투자해도 기말고사 때 평균 1점 올리기가 진짜 어렵지 않니? 그러니 점점 하기 싫어지는 건 어쩔 수가 없어. 너희들이 공부하며 지치는 걸 쌤도 잘 알 것 같아. 나도 그랬으니까.

그리고 어느 순간, 공부는 나 자신이 아니라 부모님을 위해 하는 일이 되어버렸던 것 같아. 내가 노력해서 80점을 받아와도 아빠 엄마는 기뻐하지 않고 다음번에는 90점을 받으라고 말씀하셔. 다음에 90점을 받아오면 100점을 받으라고 하시지. 부모님의 만족을 채우는 데는 끝이 없다는 생각이 들 수도 있어. 인간은 사회적 동물이기에 인정욕구가 있기 마련인데, 부모님의 반응은 이 인정욕구를 늘 채워주질 않는 거야. 타인에게 인정받지 못하면 그만큼 괴로움을 느끼게 되지.

더 속상한 건 공부하고 있는데 "공부하라."고 말씀하시는 거야. 더 공부하기가 싫어지지. 공부를 통해 단 한 번이라도 뿌듯한 마음이 든 적이 없는데 무슨 공부가 하고 싶겠어? "씻고 공부해.", "밥 먹고 공부해.", "자고 공부해." 모든 것이 "공부해."로 귀결되니까.

그런데 게임은 그렇지 않아. 온전히 나 자신을 위해서 하는 것이지. 게다가 게임 세계 속에서, 나는 꽤 인정받기도 하잖아. 부모님의 공부 타령에, 빼곡한 스케줄에 숨이 막힐 때면, 책상 앞에서 몇 시간 투자하고 끙끙대는 것보다 친구들이랑 롤(LOL)이나 한 판 뜨면서 렙업이나 하는 게 훨씬 기분 전환이 잘될 거야. 잘하면 돈도 벌 수 있고 말이야.

어른으로서 너희의 이야기를 듣고 나니 미안한 마음이 들었어. 치열한 입시 위주의 환경에서 너희가 '휴식을 느끼고 마음을 붙일 곳이 현실적으로 너무 없다'란 생각이 들었기 때문이야. 공부를 잘하는 녀석만 더 예뻐한 것도, 공부해야 하는 분명한 이유도 이야기하지 않은 채 무조건 공부하라고 닦달하는 것도 미안했어. 너희들이 "미래의 희망"이라고 입버릇처럼 이야기하면서도 변변한 놀 거리 하나 만들어주지 못한 것도 안타까웠어. 속마음이 어떤지 제대로 들어볼 기회를 만들어주는 것도 매우 중요했는데 말이야. 그래서 너희에게 게임이 휴식처라는 것을 잘 알게 되었어. 그렇다고 해도 너희가 게임만이 휴식처이며 꼭 해야만 한다고 주장하는 것은 동의하기가 힘들어. 왜일까?

결국 우리는 현실세계에서 발붙이고 살아가는 존재이기 때문이야. 온라인, 사이버 세계에서의 너의 모습이 아무리 막강하다고 한들 오프라인, 현실 세계의 나를 제대로 돌보지 않으면 그것은 허상에 불과하게 되는 거야. 현실에서 내가 건강하지 않으면 게임 세계에서의 나도 건강하고 정상적인 모습을 유지하기 힘들지. 온오프의 나는 연결된 존재이기 때문이야.

그렇기 때문에 너희들이 온라인의 게임으로만 휴식을 찾는 것보다는 오프라인 현실에서 휴식생활을 만드는 것도 중요해. 한번

주위를 둘러보렴. 관심을 갖고 주변을 둘러보면 나에게 맞는 놀 거리가 꽤 많이 있다는 걸 알게 될 거야. 자투리 시간으로도 알찬 취미생활을 하는 친구들도 의외로 많아. 보드 타기, 그림 그리기, 내 맘대로 소설 쓰기 등. 맘만 먹으면 할 수 있는 기발한 취미생활 도 많이 있단다.

현실에서 게임만큼 숨통 트이는 일이 없다면, 때로는 게임을 아 예 하지 않는 시간을 휴식으로 삼는 것도 방법이야. 멍 때리기 대 회라고 들어 봤니? 멍 때리기 대회의 제 1회 우승자가 바로 초등 학생이었어. 아무 생각도 하지 않고 멍 때리기를 하는 대회인데, 너무 많은 정보와 지식 속에 살아가는 우리들이라 이렇게 멍 때리 는 것도 쉽지가 않대. 그러니 한번 아무것도 하지 않는 시간을 가 져보자. 그러고 나면, 오히려 머릿속이 비워지고 생각들이 정리되 어 산만함이 줄어든다고 해. 대놓고 아날로그적인 시간을 갖는 것 도 스마트폰이나 게임 외의 휴식처를 만들 수 있는 방법이야. 이 를 테면, 공원 산책 같은.

쌤은 너희들이 아예 게임을 하지 않아야 한다고 이야기하는 게 아니야. 하지만, 게임만을 휴식처로 생각하고 지내는 생활은 피했 으면 해. 오프라인에서 너희들의 휴식이 꼭 있었으면 좋겠어. 그 렇지 않으면 오프라인이 어느 순간 매우 재미없는 삶처럼 느껴지 게 될 수 있으니까.

디지털 세상에서
반드시 알아야만
하는 것들

우리의 환경은 날이 갈수록 점점 디지털화되고 있어. 은행 일도 인터넷으로 보고, 쇼핑도, 영화감상도 컴퓨터 앞에서 뚝딱 해결할 수 있지. 먹거리도 컴퓨터로 주문해서 배달받을 수 있어. 다양한 나라의 친구들과도 SNS로 사귀고 소식을 주고받을 수 있고, 과학기술이 발달하면서 새로운 서비스들은 수도 없이 많이 쏟아져 나오고 있지.

그중 우리가 가장 많이 쓰는 디지털 기기는 단연 스마트폰이야.

스마트폰 하나만 있으면 시계도, 컴퓨터도, 지갑도 없이 지내도 될 정도로 뭐든 만능기계가 되고 있지. 이러한 상황에서 너희들에게 무조건 스마트폰을 쓰지 말라고 하는 것은 무리일 수도 있어. 하지만 그거 아니? 어른들조차 이 광범위한 디지털 세계에서 어찌할 바를 몰라 좌충우돌인 경우가 많다는 거 말이야. 왜냐면 빠르게 변하는 환경에 비해 그 안에서 살아가는 사람들은 그 속도만큼 빠르게 변하지 않기 때문이야. 사실 빠르게 변하는 것이 좋은 것이라는 보장도 없고 말이야. 하물며 아직 자라고 있는 중인 너희들은 디지털 세계의 무분별한 서비스와 제대로 정립되지 않은 온라인 세상의 규칙들로 인해 휘둘리는 일들이 더욱 많을 거야. 십 대를 타깃으로 하는 온라인 사기나 불법 서비스에 자신도 휘말리는 일들도 종종 생기지.

"공부를 열심히 하려면 좋은 기가 컴퓨터가 필요해요."

"얇고 가벼운 노트북이 있으면 과제할 때도 들고 다닐 수 있고, 인강을 듣기도 편하단 말이에요."

"걸어 다니면서 자투리 시간에 영어 단어를 외우려면 앱도 다운 받아야 해요. 그러니까 최신형 스마트폰이 필요하다고요."

"데이터요금제 좀 더 비싼 걸로 바꿔주셨으면 좋겠어요. 어차피 고3되면 2G폰으로 바꿀 거니까, 막판에 좀 좋은 걸 쓰면 안 되나요? 데이터 적으면 필요할 때 검색도 못하고 골치 아프단 말이에요."

이처럼, 우리들이 디지털 기기로 하는 일들 가운데는 꼭 필요한 것들도 많이 있어. 그렇다면 우리가 얼마나 디지털 세상을 알고 있고, 어떻게 디지털 기기를 이용해야 할까? 그것을 위해서는 우선 우리가 얼마나 디지털 환경에 빠져 있는지부터 알아볼 필요가 있겠지.

한국인터넷진흥원에서 2011년에 조사한 「인터넷 이용 실태조사」에 의하면, 10대 청소년의 99.9%가 인터넷을 이용하는 것으로 조사되었어. 청소년의 90% 이상이 하루 1회 이상은 인터넷을 사용하고 있으며 주중 평균 시간은 13.2시간을 사용한대. 한국정보화진흥원에서 조사하는 2015년 「인터넷 중독 실태조사 보고서」에서는 일반 청소년 그룹이 하루 평균 4.3시간 정도로 스마트폰을 사용하고 주로 모바일 메신저, 검색, 온라인 게임을 하는 것으로 나타났어.

데스크톱, 노트북, 스마트패드, 스마트폰 같은 도구들이 발전하면서 인터넷 사용량이 더 늘어나고 있어. 예전에는 정해진 장소에서 시간의 제약을 받으며 인터넷을 했다면, 지금은 언제, 어디서든, 손 안에서 쉽게 인터넷을 할 수 있는 세상에 살고 있으니 앞으로도 더욱 인터넷 사용량은 늘어나겠지.

인터넷으로 재미있고 다양한 활동을 하고 편리해진 것은 사실이지만 여러 위험성도 덩달아 늘어나고 있어. 그렇기 때문에 우리가 디지털 세상에 대해 잘 알고 똑똑하게 처신하지 않으면 안 돼. 사람들이 디지털 가상 세계에서 상처받거나 손해를 보지 않으려면 서로간의 예의도 필요해. 다시 말해 활동의 자유는 있지만 그렇다고 해서 함부로 대하거나 양심을 팔아도 된다는 뜻은 아니야. 눈에 보이지 않아도, 그 속에는 사람들이 있기 때문에 여전히 배려와 존중은 필요한 거거든. 인터넷을 통해서 예의를 배우고, 배려를 배우고 서로 존중할 수 있다면 더 좋은 디지털 세상이 될 수 있겠지. 무엇보다 내가 다치면 안 될 것 같아. 디지털 세상에서 우리에게 필요한 것들을 안전하게 이용하기 위해서 각 유형의 위험성을 알아보려고 해.

✏️ 게임을 하면서 조심해야 할 것들

게임에서는 금전적인 사건 사고가 매우 많이 일어나. 게임을 처음 시작할 때만 해도 이렇게 돈 문제가 생길 줄을 몰랐을 거야. 하지만 캐삭(캐릭터 삭제), 사이버 머니와 아이템의 강탈, 다른 사람의 개인정보 이용, 소액 결제가 거액 결제로 돌변하는 등 아주 다양한 위험성이 있지.

쌤은 상담실에서 다른 사람의 좋은 아이템을 사려다가 먹튀(먹고 튀다)한 상대방 때문에 몇 년간 모은 사이버 머니를 날렸다는 친구를 많이 만났어. 아이템도 여러 번 도둑맞는다고 해. 가끔은 같이 팀플(팀 플레이)했던 친구에게 털리기도 하고, 어떨 때는 믿었던 사람에게 자신의 캐릭터를 키워달라고 맡겼는데 그 사람이 비번을 바꿔버려서 캐릭터를 도둑맞기도 하지. 아이템을 판다고 내놓았다가 사기를 당하는 경우도 있고.

안타깝게도 이런 경우들은 손해배상을 받기가 어려워. 사이버 경찰에 부탁해도 범인 검거가 빨리빨리 되지 않고, 게임사에서도 개인의 잘못에 대해서는 배상해주지 않거든. 그리고 그렇게 피해를 당한 사람이 같은 수법으로 다른 사람에게 피해를 주는 일이 빈번하다고 해. 눈에 보이지 않는 돈이라고 해서 돈이 아닌 것은 아니야. 사이버 머니도, 아이템도 남의 것을 훔치는 것은 범죄야.

혹시 사이버니까 괜찮을 거라 생각하고 있다면 반드시 알아야 해. 이건 분명 사기이고, 법적으로 걸릴 수 있는 일들이야.

　게임을 잘하려면 아이템이 매우 중요한데, 열심히 해서 좋은 아이템을 득템하든지, 아니면 휴대폰이나 신용카드로 캐시 결제(일명 캐시질)를 해야 해. 시간을 들이든지, 돈을 들이든지.

　용돈이 많다면야 짧은 시간에도 돈을 들여서 레벨업을 할 수 있겠지. 하지만 대다수 평범한 학생들은 시간을 투자해서 노동으로 아이템을 마련하는 수밖에 없어. 하지만 게임을 하다 보면 이기고 싶은 마음에 나도 모르게 캐시질을 하고 싶은 욕심이 생겨. 휴대폰 결제나 신용카드 결제를 하고 싶은 유혹에 휩싸이게 되는 거야. 쌤이 상담실에서 만난 어떤 친구는 한 달의 휴대폰 요금이 180만 원 나왔대. 그 친구는 야금야금 휴대폰 결제를 할 때만 해도 그렇게까지 비용이 많이 나올지 몰랐대. 그중 몇 개는 친구 아이템을 사주기도 했다면서 울상을 짓더라. 결국 엄마에게 붙들려서 상담실에 온 거지.

　혹시 알고 있니? 우리나라 게임 이용자 가운데 가장 많은 비중을 30~40대 아줌마들이 차지한대. 30~40대면 너희의 엄마 나이인데, 과연 엄마들이 정말 게임을 그렇게나 많이 하는 걸까? 사실 엄마들은 너희처럼 디지털 세대가 아니고 아날로그 세대라서 게임을 어떻게 하는지도 모르는 분들이 많아. 이메일 계정을 까먹어서 너희한테 찾아달라고 귀찮게 굴기도 하는 엄마들인데, 정말 그분들이 그렇게 게임을 많이 할까?

이것은 사실 십 대 친구들이 엄마의 개인정보를 이용해 몰래 게임을 하는 데 쓰기 때문에 나온 결과야. 대부분이 엄마의 동의 없이 하는 일이지. 게임하는 애들은 알겠지만, 보통 한 개의 계정만 가지고 있지는 않아. 엄마, 삼촌, 이모, 할머니의 개인정보까지 이용해서 계정을 몇 개씩 갖고 있지. 이것 역시 범죄라는 것을 알아야만 해. 아무리 가족이라 해도 개인정보 사용을 동의받지 않고 쓴다면 그 행동은 개인정보 도용에 해당되는 거야. 명백한 범죄가 되는 거지.

금전적인 문제만이 아니야. 쌤이 몇 년 전에 게임 박람회에서 행사를 진행한 적이 있는데 고등학교 2학년 정도로 보이는 학생이 더 어린 중학생들을 이끌고 나타났더라. 목에는 "XXX 나와라. 캐삭 걸고 한판 뜨자."라는 팻말을 걸고 외치고 있더라고. 일명 현피를 뜨자는 거지. 현피란 현실의 '현'자와 인터넷 게임에서 '플레이어를 죽인다(Player Killing)'란 단어의 영문자 'P(피)'를 합쳐 만든 속어야. 아마 게임 플레이를 하다가 예의 없이 구는 녀석이 하나 있었던 모양이야. 그래서 그 녀석과 실제로 만나 한판 하자는 이야기지.

중학생 친구들도 있었기 때문에 싸움이 크게 벌어지면 어쩌나

해서 한동안 지켜봤는데 다행히 XXX가 나타나지 않아서 싸움으로 번지지는 않았어. 하지만 게임을 하다 이렇게 관계에 문제가 생겨서 실제로 만나 해결하려고 한다면 큰 싸움이 벌어질 수도 있다는 걸 알아야 해.

✔ SNS(social network service)와 인스턴트 메신저에서 조심해야 할 것들

SNS는 온라인상 네트워크 서비스를 통해 인맥을 관리하고, 커뮤니티를 만들어 관계를 맺고 서비스를 주고받는 것을 말해. 대표적인 SNS로는 페이스북, 인스타그램, 카카오스토리, 미투데이, 트위터, 블로그, 카페 등이 있지. 인스턴트 메신저는 설명하지 않아도 알겠지만 카톡, 버디버디 같이 대화창에서 함께 얘기를 주고받는 메신저를 뜻해. 이것을 사용하려면 온라인상에서 친구 관계를 맺어야만 하지.

SNS로 인해 멀리 있는 친구, 소식이 뜸한 친구들과도 쉽게 소통할 수 있게 된 것이 사실이야. 하지만 그만큼 문제성도 크지. SNS를 통해 자신의 사진 등을 쉽게 올리고 볼 수 있는데 그것도 위험성이 될 수 있어. 쌤이 상담실에서 만난 여학생의 경우, 자신의 사진이 엉뚱한 사이트에 그것도 위조되어서 올려져 있더래. 알고 봤더니 그 여학생을 좋아하는 남학생이 올린 사진이었어. 여학생에게 고백을 했는데, 여학생이 거절했대. 앙심을 품은 남학생이 여학생의 사진을 SNS에서 다운받아서 성인광고 사진과 합성해서 다른 사이트에 올린 거야. 순식간에 여학생은 외설적인 사진의 주인공이 되어 다른 커뮤니티에 언급이 되었지. 이러한 사례는 매우 많아. 또 다른 남학생은 자신의 SNS에 욕설 댓글을 다는 학교 친구들 때문에 심각한 우울증에 시달리기도 했어. 이상한 사진으로 도배질하거나, 의미 없는 글자를 복사해서 여러 번 올리는 일로 괴롭힘을 당하기도 하고.

너희 혹시 '초글링'이라는 단어 아니? 이 말은 초등학생 + 저글링의 줄임말이야. 초등학생들이 저글링(스타크래프트 게임 속 캐릭터 '저그'들이 바글바글 대며 떼를 지어다니는 모습을 나타내는 말)처럼 떼지어 다니는 것을 빗댄 말인데, 좋지 않은 의미를 담고 있지. 기업이나 방송 프로그램에서 운영하는 SNS나 홈페이지에 수준 낮은 댓글이 엄청나게 올라오는 것을 빗대는 말이야. 특히 방학 때만 되면 초글링이 너무 많아서 골치 아프대. 복사한 글, 의미 없는 댓글, 악의적인 댓글 등으로 다른 사람의 SNS에 영향을 미치는 것은 불쾌한 일이야.

요즘은 SNS와 메신저로 이상한 동영상들도 많이 주고받아. 십대들이 보기에는 심리적으로 해가 될 수 있기 때문에 청소년보호

법에서 규정하는 영상물들이 있는데, 그런 것을 SNS나 메신저로 유포하는 거지. 게다가 그런 동영상을 보고 흉내 내는 범죄들도 많이 일어나고 있어.

한번은 어떤 여학생이 야릇한 포즈를 취한 동영상을 학교 후배 남학생들에게 보낸 일이 있었어. 이 일로 학교 쌤들이 온통 난리가 나서 여학생과 남학생들 모두 징계를 줘야 하는지 고민했던 적도 있단다.

사이버 폭력도 점점 심각해지고 있어. 카톡 방에서 한 친구만 계속 밀어낸다든지, 일부러 초대해놓고 그 친구의 말만 무시한다든지, 욕설을 퍼붓는다든지, 고의로 그 친구만 빼고 정보를 공유하지 않아서 팀 숙제를 못하게 한다든지 하는 일. 이런 일들은 모두 학교 폭력이야. 심각한 집단 따돌림이지. 사이버상이고, 쉽고 간단하다고 해서 별일이 아닌 일이 아니지.

혹 직접 가해자가 되지 않아도 가만히 모른 척하는 것도 범죄에 동조하는 일이야. 방관자가 많기 때문에 왕따 같은 슬픈 일이 생기는 거야. 사이버상에서 벌어지는 일들은 뚜렷하게 사건이나 실체가 보이지 않아서 피해자가 더 마음을 끓이게 된단다. 만약 친구가 이런 일로 심각한 상처를 받고, 우울증과 자살 생각에 시달린다면 반드시 사실을 알리고 함께 해결법을 고민해야 해.

요즘에는 온라인상에서 없는 사실을 유포하거나 부풀린 소문을 내는 일도 늘어나고 있어. 연예인에 관계된 소문들을 별생각 없이 전하는 일들이 많은데, 이 역시 처벌 대상이 돼. 연예인 당사자들이 선처해주는 경우도 많지만 지금은 강경하게 대응하는 추세야. 처음 소문을 퍼뜨린 사람을 잡아서 형벌을 준다든가, 벌금을 물리고 있으므로 더욱 양심 있게 행동하고 다른 사람을 배려하는 일이 중요하게 되었어. 다른 사람의 사진, 다른 사람의 말, 다른 사람의 작품 등을 허락 없이 올리고 그걸로 '좋아요'를 많이 받거나 '하트'를 많이 받으려는 일들도 마찬가지야. 그것도 저작권을 침해하는 일이어서 불법에 해당한단다.

🖊️ 인터넷 쇼핑, 중고매매 사이트에서 조심해야 할 것들

쌤이 상담실에서 만난 한 여학생은 부모님 몰래 인터넷 쇼핑을 하다 한 달에 300만 원이 넘게 결제를 했었어. 부모님의 신용카드를 몰래 찾아 결제에 이용한 거지. 왜 이렇게까지 큰 금액을 그것도 부모 몰래 결제한 걸까? 직접 옷가게를 하나하나 찾아가서 상품을 보고 돈을 지불해야 하는 쇼핑과 달리 온라인 쇼핑은 매우 빠르고 간편하게 이루어져. 다양한 물건을 검색 한 번으로 쉽게 찾아낼 수 있고, 여러 물건을 동시다발적으로 볼 수 있지. 그러다 보면 애초의 쇼핑할 목적에서 벗어나 더 사고 싶은 물건들도 늘어나기 쉬워. 물건을 찾아보면 볼수록 더 좋은 물건이 보이게 되고, 이 물건을 사면, 이 물건에 어울리는 또 다른 물건이 필요해 검색하게 되기 때문이지. 때로는 배송비를 절약하기 위해 일정 금액 이상을 채우느라 필요하지 않았던 물건도 쇼핑하게 되기도 해. 다시 말해 온라인 쇼핑에서는 계획에 없는 물건을 더 추가해서 사기가 쉬워지는 거지.

이런 마음은 어른들도 마찬가지야. 소위 말하는 지름신이 내렸다면서, 과도한 지출로 울상을 짓는 어른들도 많이 있어. 어른들은 자신이 번 돈으로 감당할 수가 있지만, 너희의 경우는 경제적인 능력이 아직 없기 때문에 부모님이 감당해야 하지.

한 남학생은 용돈이 부족해서 아버지가 사주신 자전거를 중고매매 사이트에 내놓았대. 그런데 자전거를 너무 헐값에 팔아서 매우 혼이 났다고 하더라. 산악용 자전거를 20만 원도 안 되는 가격에 팔았다고 해. 아빠가 그 세 배는 훨씬 더 주고 산 자전거인데 용돈이 부족하다는 이유로 중고 사이트에 팔았다는 거야. 이처럼 용돈이 부족하면 절약하기보다 중고 사이트에서 물건을 팔아서 돈을 쓰려는 일들이 자주 있다 보니, 중고 사이트에서 사기를 당하는 일도 많아. 청소년은 주로 노트북, 휴대폰, 가방, 신발, 교복 등을 사고파는데, 상대방이 돈만 먼저 입금받고 물건을 주지 않은 채 잠수를 타는 경우도 있어. 실제 제품보다 과장되게 사진을 올려서 막상 제품에는 하자가 있는 경우도 많고. 그러니 웬만하면 중고 사이트를 이용하지 말고, 불가피하게 이용한다면 어른의 도움을 받아 더 똑똑하게 따져보는 지혜가 필요하겠지.

⏸ 동영상 사이트와 아프리카TV에서 조심해야 할 것들

얼마 전에 TV 고민 해결 프로그램에서 아프리카TV에서 먹방(먹는 방송)을 하는 여자의 이야기가 나왔어. 방송에서 지나치게 많이 먹는데다 맵고 자극적인 음식을 먹어서 여자의 어머니가 걱정을 많이 하더라고. 하지만 먹방을 하는 여자는 다른 방송을 하는 경쟁자들에 비해 별 풍선을 많이 받고, 인기를 얻으려면 어쩔 수 없다고 이야기했어.

동영상 사이트나 아프리카TV에서는 공중파 방송보다 다양하고 또 기괴한 것일수록 호감을 받는 경우가 많아. 방송을 보는 사람들이 여러 다양한 내용을 해보라고 요구하면서 그렇게 하면 별 풍선을 제공하겠다고 제안하는(딜하는) 채팅 창을 보면서 쌤은 사람들이 새로운 것, 더 자극적인 것들을 찾느라 난리가 났구나 하는 생각이 들었어. 그런 것들이 지루한 일상에 즐거움이 될 수도 있지만, 나도 모르게 날리는 별 풍선의 값도 만만치 않다는 생각을 해야 해. 무엇보다 더 자극적인 것들을 찾으면 찾을수록 생활의 균형감을 잃어버리게 되고 거기에만 매이게 되겠지.

또한 특이한 동영상을 올리고, 다운받고 퍼다 나르고… 그러다 보면 불법이 될 수도 있다는 것을 알아야 해. 영상물의 파급 효과로 인해 누리꾼들로부터 비난이나 다양한 욕설을 받을 수도 있어.

이렇게 우리가 모르고 즐기던 가상세계의 이면에는 여러 위험 요소들도 숨어 있어. 그러니 얘들아! 똑똑하게 쓰는 법을 더욱 적극적으로 알아봐야 해. 내 정보가 다른 사람에게 노출되지 않도록 신경 쓰는 것, 잘못된 정보를 유포하는 일에 동조하지 않는 것, 보이지 않는다고 함부로 욕하거나 신상을 터는 무례를 저지르지 않는 것, 다른 사람의 것을 탐내지 않는 것, 다른 사람이 상처받지 않고 손해를 보지 않게 살펴봐주는 것. 이런 것을 실천할 수 있는 똑똑함을 갖춰야 디지털 환경을 제대로 살아갈 수 있거든.

디지털 세상에 범죄가 되는 법령	
범죄	**처벌내용**
허위 사실 유포	최고 5천만원 이하의 벌금 또는 7년이하의 징역
사이버 비방	최고 3천만원 이하의 벌금 또는 3년 이하의 징역
동의 없이 개인정보 수집	최고 5천만원 이하의 벌금 또는 5년 이하의 징역
악성프로그램 전달 및 유포	최고 5천만원 이하의 벌금 또는 5년 이하의 징역
타인의 정보 훼손(도용)	최고 5천만원 이하의 벌금 또는 5년 이하의 징역

• 참조 : 정보통신망 이용 촉진 및 정보보호 등에 관한 법률

※ 불법 저작물 사용(복사, 유포), 사이버 범죄(음란물 유포, 성폭력, 사기 등), 사이버 폭력 등의 내용
　들도 모두 처벌을 받으나 적용하는 법률에 따라 내용이 다양함.
※ 모든 범죄에 대한 처벌은 범죄의 내용과 피해 등을 고려하여 판사가 판결.

'심각하다'는
어른들의 말은
모두 오버라구요

"쌤! 제가 이렇게 상담받는 건 정말 말이 안 돼요. 우리 엄마는 그냥 항상 걱정이 많단 말이에요. 딴 애들도 다 컴을 하고, 겜도 많이 하는데 왜 저만 이상한 애 취급을 받고 상담까지 받아야 하는 거죠? 도대체 왜 제가 중독이라는 거예요? 우리 엄마, 정말 뻥이 심해요. 게임만 하면 무슨 괴물이고, 정신병자래요. 자식을 그렇게 취급하면서 상담받게 하는 엄마가 더 이상한 거 아닌가요? 쌤! 겜한다고 다

정신병자가 되는 거 아니잖아요? 겜을 한다고 무슨 괴물이에요?"

(고 1, 남)

"어이없어요. 엄마가 상담실에 안 가면 용돈을 끊는다고 해서 왔지만, 저 진짜 정상이에요. 요즘 짜증도 많고, 신경질을 많이 내는 게 다 겜 때문이래요. 엄마가 하도 잔소리하고 들들 볶으니까 신경질을 내는 건데 게임을 많이 해서 그렇다고 하는 거예요. 아~ 진짜 짜증나요. 엄마가 간섭하지만 않으면 진짜 짜증 안 내요." (중 3, 남)

"초조하고 불안하고 우울하고… 병원에 갔더니 저더러 '불안장애', '우울증' 이런 병이 있다고 진단 내렸어요. 여기 오기 전에 아빠 엄마가 강제로 신경정신과에 끌고 다니면서 저를 이상한 병신으로 만들었어요. 저, 게임을 그렇게 많이 하지도 않는단 말이에요. 친구들이랑 한두 판 게임하고, 학원에 가기 싫어서 땡땡이 치고, 말하기 싫어서 가족들과 말하지 않는 건데요. 뭐, 가끔 내가 컴퓨터를 써야 하는데 여동생이 쓰고 있으면 비키라고 쫀 것은 있지만 그게 초조, 불안은 아니잖아요?"

(중 2, 남)

게임 문제로 상담 시간에 만난 학생들은 모두 이런 얘기들을 하더라. 자신은 매우 억울하고 어른들이 말하는 심각한 증상이 다

뺑이라고 말이야. 너희들도 그렇게 생각하니? 게임보다 여기까지 자신을 끌고 온 부모님을 향한 원망과 갈등으로 더 힘들어하지. 그렇다면 부모님의 말이 다 거짓말이고 오버일까? 쌤이 학생들과 상담을 한 후 결과를 말하자면 일부는 사실이고 일부는 사실이 아니야.

상담실에서는 '인터넷 중독, 게임 중독'에 관한 부모님과 청소년의 입장이 늘 대립되곤 해. 인터넷 중독이라는 현상으로 상담실에 오긴 했지만, 대부분의 경우, 부모와 자녀의 관계도 무너져 있는 상태이기에 서로를 향한 불신이 크지. 그래서 자신을 함부로 중독자라고 싸잡아 평가한 부모를 향한 분노는 상상을 초월할 정도야.

부모님이 자녀를 관찰하여 체크하는 검사지에서는 '고위험 중독군'이나 '잠재 위험군'으로 결과가 나타나거든. 반대로 학생들이 체크한 검사지에는 문제가 없다는 '일반 사용군'으로 결과가 나오게 되지. 그럼 그때는 쌤이 이렇게 다르게 나온 차이를 양쪽 모두에게 설명해야 해.

부모님이 체크하신 결과에 대해서는 부모님의 염려가 과도하게 반영되는 결과일 수도 있다는 것을 알려드리지. 이를테면 "게임을 하느라 학원을 빼먹은 적이 있다"라는 항목에서 엄마가 좀 높게 체크하신다면 자녀는 중독으로 진단되거든. 솔직히 게임 때문에 학원을 빼먹은 적도 있겠지만, 친구들과 다른 놀이를 하거나 공부하기 싫어서 학원을 가기 싫을 수도 있잖아. 자녀들이 어떤 이유로 학원을 가지 않았는지 부모님이 일일이 알 수 없기 때문에 '학원 빠짐=게임, PC방'으로 생각하시는 부모님도 꽤 많은 것 같아. 이런 논리로 본다면, 그것은 아이들에 대한 정확한 평가가 아니지. 그래서 쌤은 분명하게 게임 때문에 학원을 빠진 경우만 다시 체크하도록 요청하지.

또 "게임으로 인해 자녀가 화를 내거나 소리를 지른 적이 있다" 같은 문항에도 부모님이 높게 체크한다면 중독으로 결과가 나오기 쉬워. 하지만 일상에서 너희가 화를 내거나 소리를 지르는 것이 꼭 게임 때문만은 아니잖아. 너희는 사춘기를 지나고 있기 때문에 감정 변화가 급작스럽게 일어나고, 예민해지는 것이 당연하거든. 신체적으로 큰 변화를 겪으면서 나라는 사람을 찾아가는 과정에서 생기는 짜증일 수도 있어. 부모님이 너희의 이런 변화를 잘 알지 못하면, 그저 게임이 내 아이의 성격에 부정적인 영향을 미치고 있다고 보기 쉬운 거야.

그렇다면, 청소년의 경우는 어떨까? 과연 점수가 객관적일까? 결과적으로 보자면, 청소년인 너희 역시 자신의 중심으로 체크하는 경향이 있단다. 그 이유는 만일 고위험군이거나 잠재 위험군으로 진단 결과가 나오면, 앞으로 부모님의 강도 높은 제재를 받게 될 테니 낮게 체크하게 되는 거지. 진단 결과가 위험으로 나오면 상담실이나 신경정신과에 다녀야 한다는 압박감도 작용해.

또한 너희는 스스로 다른 아이들에 비해 게임을 많이 한다고 생각하지 않기 때문에 자연스럽게 '많이 하지 않는다'고 체크하게 되거든. 부모님과 비교치 자체가 다른 거지. 하지만 잘 생각해보렴. 너희가 게임을 할 때, 분명 30분만 한다고 했는데 30분 만에 딱 끝낸 적이 있는지. 딱 한 판만 하자고 했는데, 한 판만 하고 마무리 지은 적이 있는지를. 게임을 자꾸만 더 하게 되고, 약속을 어기게 된다면 어느 정도는 게임에 빠져 있다는 반증이야. 이건 너희의 욕구가 30분만 해도 재미있다고 느끼지 못하고, 해도 해도 충분히 했다고 생각하지 않게 하는 게임의 함정이야. 너희 스스로가 '게임을 많이 하지 않는다'라고 믿게 만들거든. 게임의 숨겨진 함정에 대해서는 뒤에서 따로 얘기해줄게.

자, 이렇게 정리하면 부모님의 점수는 생각보다 낮게 평가해야 하고, 너희의 점수는 생각보다 높게 평가해야 해. 그렇게 되면 높고, 낮음의 계산에서 서로의 합의점을 찾을 수 있게 되겠지. 그렇게 해서 나온 평가가 나의 현재임을 받아들이는 자세가 필요해. 게임을 균형 있게 사용하려면 먼저 내 수준을 정확히 인정하고 받아들여야만 하거든. 아무리 너희 스스로는 아무 문제가 없다고 여겨도, 객관적인 수치로, 평가치로서 비춰진 현재 상태를 솔직하게 인정해야만 해. 그래야 부모님과의 갈등도 줄이고, (너희는 지금도 문제없다고 여길 테지만) 더 좋은 변화가 나올 수 있게 될 테니까.

그럼 너희가 억울하다고 말한 여러 가지를 한번 찬찬히 살펴볼까? 사춘기를 겪으며 너희 마음이 싱숭생숭하고 쉽게 짜증이 나거나 우울해질 수 있는 것은 쌤이 잘 알고 있어. 하지만 너희에게 게임을 사용하지 못하게 하면 갑자기 짜증나고, 말리는 부모님이 몹시 미워지는 것도 사실이야. 두 경우의 다른 점을 알아야 해.

상담실에서 만난 어떤 학생은 엄마가 게임 못하게 한다고 해서 밀치고 싸우다가 엄마의 갈비뼈를 부러뜨린 적도 있어. 심지어는 엄마에게 칼을 들이대며, 엄마를 협박하는 학생도 있었어. 몇 년 전 뉴스에, 게임을 하지 못하게 한 엄마와 싸우다가 엄마를 살해한 끔찍한 사건도 보도되었지. "그건 다 특수한 케이스잖아요. 나는 절대 그렇게 안 돼요."라고 말하지 마렴. 이건 그들이 모두 회생불능의 괴물들이어서 그런 일들이 벌어졌다기보다는 회생 가능하지만 순간의 절제를 잃어버렸기에 일어난 일들이거든. 게다가 부모님이 상담을 요청하는 경우는 게임으로 인해 비슷한 갈등이 여러 번 일어나 더욱 커진 경우가 많아. 점차적으로 분노를 조절하기가 더 힘들어진다는 거지.

누구나 나에게 아주 중요한 무언가를 잃거나 방해받았다고 생각하면 분노하게 돼. 더군다나 사춘기 시절에는 자신을 통제하거나 절제하는 능력이 미숙하기 때문에 욱하는 마음에 충동적인 행동을 하기가 더 쉬워. 무엇보다 내 안의 욕구가 좌절되면 심리적으로 불안하고, 초조하고, 좌절로 인한 우울감이 발생할 수 있어. 그러니 부모들이 너희를 걱정해서 상담실에 가자는 말도 100% 잘못된 판단은 아닐 거야.

　부모님과의 관계가 좋지 않아서 부모님의 말을 듣기가 어렵다면, 이렇게 부모님의 평가와 청소년의 평가에서 함께 중첩되어 나온 결과만큼은 객관적인 자세로 받아들였으면 해. 쌤이 어른이기 때문에 어른인 부모의 편을 든다고 생각하지는 말아주렴. 부모님이 잘못 생각하고 있는 것들, 부모님이 피드백을 잘못 주고 있는 것들이 있다면, 그에 대해서도 평가를 기반으로 정확하게 일러주거든. 그러니 '나는 괜찮다, 나는 아무 문제없다'는 자세로 부모님의 걱정을 괜한 오버로 생각하지는 말아주렴. 가장 중요한 것은 현재 자신이 어떠한지를 있는 그대로 받아들이고, 더 나은 발걸음을 디디는 거니까.

우리는
그 대신 무엇을
잃었을까?

　스마트폰을 건강하게 쓰자는 메시지의 공익 광고를 보면 가끔 몹시 공감이 되는 장면이 나와. 예를 들면, 스마트폰을 하며 걷다가 맨홀에 빠지는 장면, 스마트폰에 집중하느라 예쁜 여학생을 놓치는 장면, 음식이 코로 들어가는 장면, 스마트폰에 빠져 있는 남친 때문에 여친이 삐쳐서 나가는 장면, 스마트폰을 하다가 내려야할 역을 지나치는 모습… 이런 장면에 우리가 많이 공감을 하는 이유는 그만큼 그런 사람들이 정말 많다는 뜻이겠지.

우리는 일상에서 무척이나 많은 가상세계와 관계를 맺고 있어. 어쩌면 친구보다, 가족보다 더 친근한 존재인 것 같기도 해. 이제 는 떨어질 수 없는 존재가 되어버린 것 같아. 하루 종일 만지작거 리던 스마트폰으로도 모자라서, 무제한 광속 인터넷으로 웹 서핑 과 동영상을 즐겨보는 우리잖아. 또 밤늦게 누군가와 채팅을 하 거나 아프리카TV를 보면서 다양한 사람들의 사는 얘기에 참여하 고, 게임 중계도 듣고, 밀린 드라마도 보고…. 우리의 삶이 디지털 가상 세상에 많은 영향을 받는 생활이기에 더욱 밀착될 수밖에 없 어. 그런데 그것 때문에 얻는 것도 있겠지만, 잃는 것도 많다는 것 을 깨닫지 못하는 것 같아.

디지털 기기를 통한 가상세계로 인해 우리가 얻은 게 있다면 편 리함, 재미, 스트레스 해소, 기분전환, 여가 활용, 새로운 소식과 수많은 정보, 다양한 사람들과의 관계 확장, 세상 경험, 호기심과 흥미 충족 등이 있을 거야. 그렇다면 우리가 가상세계로 인해 잃 는 것은 무엇일까?

쌤이 상담을 하면서 포스트잇으로 얻은 것과 잃은 것을 써서 붙 이는 활동을 하는데, 놀랍게도 많은 아이들이 얻은 것보다 잃은 것이 많다는 것을 알고 있었어. 스스로 잃어버린 것에 대해 적다 보니 의외로 많다는 것을 덩달아 깨닫게 된 거지. 어떤 친구들은 "적다 보니까 제가 잃어버린 게 정말 많네요."라고 말하면서 "이제 스마트폰을 좀 멀리해야 할 필요가 있을 것 같아요."라고 하더 구나.

　그 아이들이 적은 것 중에서 몇 가지를 소개할게.

　한 친구는 친구들과의 거리가 오히려 더 멀어졌다고 해. 직접 만나서 이야기하기보다는 SNS나 메신저로 소통하다 보니 생각지도 못한 오해가 커졌다는 거야. 소식을 주고받지 못한 것보다 더 못한 관계가 되어서 속상하다고 하더구나.

　또 다른 친구는 부모님과의 관계가 좋은 편이었는데 컴퓨터나 스마트폰을 가지고 싸우는 일이 많아졌다고 해. 또 형제들과 컴퓨터를 놓고 자주 싸운다는 친구도 있었어. 운동이나 산책은 하기 싫고 컴퓨터 앞에 앉아만 있다 보니 살이 많이 쪘다는 친구, 솔직히 게임으로 인해 성적이 많이 떨어졌고 그러다 보니 하고 싶은 일도 없어지고 진로도 답답해졌다는 친구도 있었어.

　정신이 몽롱해져서 다른 일은 기억나지 않고 게임 생각만 난다는 친구, 캐시질을 많이 해서 부모님을 속이거나 아끼는 물건을 내다 파는 일이 늘어났다는 친구, 친구들의 댓글로 인해서 상처를 받은 친구, 스마트폰에만 의존하다 보니 오히려 암기력이 떨어진 것 같다는 친구, 남의 글에 괜히 비난하게 되고, 다른 사람의 정보를 활용해도 별로 위기 의식을 느끼지 않기 때문에 양심이 좀 무려진 것 같다는 친구, 다른 사람의 숙제를 베끼면서 스스로 과제를 준비하는 경우는 거의 없다는 친구….

  듣고 나니, 디지털 기기로 인한 만족감만큼 잃은 것도 참 많구나. 쌤도 너희와 마찬가지로 디지털 세계에 들어오면서 그런 것들을 잃거나 잊고 지냈던 것 같아. 하지만 자라는 청소년들에게 있어 더욱 걱정되는 부분은 디지털 세상이 진짜처럼 인식될까 봐 하는 거야. 화려하고 아름다운 밤하늘의 스크린을 보여준들 우리가 직접 밤하늘의 반짝이는 별을 볼 수 있는 것과 어떻게 비할 수 있을까. 아무리 동영상의 맛난 요리가 있어도 그 요리의 냄새를 맡을 수 없고, 먹을 수 없잖아. 돈을 잘 버는 방법을 검색한들, 현실에서 진짜 만들어내지 않으면 그 돈이 바로 내 돈이 되지는 않으니까. 디지털 세상이 아무리 좋아도 그건 여전히 현실과는 다른 가상세계이거든. 그 차이를 청소년들이 분명하게 인식하지 못하고 성장하게 될까 봐 제일 걱정이야.
  또 걱정되는 부분은 더 짜릿한 삶을 살 수 있는 마음의 힘을 잃어버리는 거야. 이를 테면 용기, 자신감, 열정 같은 것들 말이야. 혹시 지금 스마트폰, 인터넷을 자꾸 하고 싶은 이유가 지금 현재 내 모습, 혹은 현재가 맘에 들지 않아서는 아니니? 만일 그렇다면 쌤이 걱정하는 대로 마음의 힘이 많이 약해진 상태인 거야.

현실에는 고통과 어려움이 게임보다 더 많아. 사실 그만큼 현실에는 게임보다 재미있는 짜릿함도 많이 있는데, 그것을 누리기 위해서는 함께 자리한 어려움과 고통을 외면하지 않고 직시하는 마음의 힘이 필요하지.

쌤은 어쩌면 너희들이 그 즐거움을 발견하려는 용기가 없거나, 견뎌보려는 인내, 도전해보려는 욕심이 없는 것이 아닐까 싶어서 안타까워. 자신이 충분히 해낼 수 있는 괜찮은 존재라고 믿지 못하기 때문인 거지. 실은 열정을 불태우고 싶지만 엄두를 못 내고 있는 상황일 수 있어. 그래서 답답하고 속상해서 또 가상세계로 들어가 지내는 생활의 반복인 거야. 소중한 가치를 잃어버려 놓고도 무엇을 잃었는지도 모른 채 여전히 빠져드는 모습을 보면 무척 안타깝고, 알려주고 싶어져. 너의 안에 있는 마음의 힘과, 진짜 즐거움을.

세상에는 스마트폰이나 인터넷이 할 수 없는 일이 더 많이 있어. 디지털 가상 세상이 아무리 모르는 일이 없고 많은 정보를 갖고 있다고 해도 사람을 직접 도울 수는 없어. 아무리 많은 메시지가 오가더라도 직접 내 옆에서 따뜻한 목소리로 말해주는 친구와는 같지 않아. 가상세계의 내가 현실의 나 대신 학교를 가고, 나 대신 멋진 일을 해내지는 못하지. 아이러니하게도 디지털 세상은 가상이지만, 그 디지털 세상을 운영하는 건 진짜 사람이야. 사람이 정보를 올리지 않고, 사람이 광속도를 낼 수 있도록 통신망을 깔지 않고, 사람이 스마트폰을 만들지 않고, 사람이 기획하지 않으면 아무것도 할 수 없는 게 디지털 세상이야. 그러니 사람이 없어서는 아무것도 할 수 없어. 디지털 세상을 창조하고 누리는 것도 사람이어야 해. 그러니 결국 너 자신이 중요해. 네가 아프거나 혹은 숨어버리면, 더 좋은 디지털 세상을 만들 수도 없고, 누릴 수도 없는 거야. 가상세계에서 너라는 존재를 잃어버리지 않았으면 좋겠어. 너라는 존재가 길을 잃고 헤매지 않았으면 해. 다시 말하지만, 너는 대체 불가니까.

십 대보다
더 십 대를 잘 보여주는
가상세계에 투영된
욕구 이야기

대한민국 십 대,
현실이 아닌
가상세계에서만
가능한 것들이
따로 있다

chapter 2

디지털 세상에서
행하는 것은 바로
현실에서 이루고 싶은 소망

쌤이 인터넷중독예방상담센터에서 일하며 깨달은 한 가지는 너희가 이유 없이 가상세계에 빠지지는 않는다는 거야. 부모님이 너희를 오해하는 것처럼 아무 의미 없이 스마트폰 게임을 하고 댓글을 달지는 않더라는 거지. 지금부터 너희가 왜 디지털 가상세계에 빠져드는지를 설명하려고 해. 아마 너희도 몰랐던 숨은 욕구를 알게 되면 진정 원하는 것이 무엇인지를 알게 될 거야. 너희가 디지털 가상세계에서 원하는 것은 현실에서 이루고 싶은 소망이니까.

사이버 세상에서는 현실에서 제약되는 것보다 훨씬 자유롭지. 누구에게도 구속받지 않고 독립적으로 선택하고 돌아다닐 수 있잖아? 현실에서 만나는 부모님과 쌤은 너희에게 항상 많은 것을 "해라.", "하지 마라."고 하시지. 친구를 사귈 때에도 "그런 친구를 사귀지 마라.", 학원을 갈 때에도 "이 학원은 안 된다.", 옷을 입을 때에도 "이 옷을 입어라.", 밥 먹을 때 "꼭꼭 씹어 먹어라. 똑바로 앉아서 먹어라." 등등 지시들이 많은 편이야.

모두 너희들이 더 멋진 모습으로 자랐으면 하는 바람에서 하는 말이지만, 사춘기를 겪는 너희들에게 이런 소리들이 잔소리로 들리고, 간섭으로 들릴 거야. 이건 자연스러운 현상이야. 부모님의 지시보다는 내 뜻대로 하고 싶은 욕구가 커지는 때이거든. 내가 더 이상 아이가 아니라는 것을 보여주고 싶은 거니까.

그러면서 너희는 "저도 이제 다 컸단 말이에요. 내 맘대로 할 수 있게 해주세요!!", "저는 자유롭고 싶어요.", "왜 다 컸다고 하면서 내 마음대로 할 수 있도록 도와주지는 않나요?" 같은 말들이 하고 싶어지지. 이 말을 부모님과 어른들에게도 끊임없이 하지만, 현실에서 이뤄지기 힘들 것 같아서… 사이버로 아예 장소를 옮겨버린 거야.

게임에서는 내 맘대로 아이템을 선택하고, 내가 원하는 방식의 게임과 파트너를 마음대로 선정할 수 있어. 캐릭터도 내 맘대로, 길드도 내 맘대로… 하고 싶은 시간과 장소도 내가 선택하고, 들어가고 싶은 사이트도 내 맘대로 정하지. 사이버상에서 하고 싶은 것도 내 맘대로, 이곳저곳 마음껏 터치하고 방문하고 놀 수 있잖아. 거기에는 잔소리하는 엄마도 없고 얽매이는 것도 없잖아. 장소의 제한 없이 즉석에서 돌아다니면서 할 수 있는 스마트폰은 더욱 자유감을 선사해줘.

🔵 가상세계에서는 이상적인 내가 될 수 있어요

>))) **내 마음의 소리**
> 오~ 놀라워라!! 이게 정말 나야? 나의 한계는 어디까지?

게임 유저나 블로그를 운영하는 친구들은 잘 알 거야. 사용자 이름과 성별이 현실에서는 반대인 경우가 많다는걸. 쌤이 상담실에서 만난 친구는 게임에서 대개 강하고, 우락부락한 캐릭터를 쓰지만, 실제로는 키가 작고 많이 왜소한 친구였어. 20대 대학생인 또 다른 친구는 많이 뚱뚱한데 게임 속에서 그녀는 '쭉쭉 빵빵 섹시' 캐릭터에 집착하더라고. 게임하면서 채팅을 할 때 분명 프로필에는 '고딩'이라고 되어 있는데 대화 내용이나 하는 행동을 보면 '초딩'이라는 걸 알아챈 적도 많을 거야.

가상세계에서 너희는 원하는 모습을 만들어낼 수 있어. 왕이고, 여왕이고, 귀족이고, 땅을 많이 갖고 있는 부자이고, 전쟁에서 무패한 최강이 될 수 있지. 현실에서는 일어나기 힘든 일이지만, 이 모든 것이 내가 아닌 다른 나를 꿈꾸는 모습이야. 현실에 있는 작은 나를 가상세계에서는 이상적으로 완벽하게 만들고, 대리 만족을 하는 거지.

거기다가 가상세계에서는 나를 아주 멋진 사람으로 대우해줘. 조금만 잘해도 열화와 같은 박수를 쳐주는 사운드가 터져 나와. 마치 진짜 내가 경주에서 이기고 챔피언이 되는 것 같은 기분이 들게 해주지. 축포가 터지고 팡파르가 울리는 그래픽 효과들은 우리를 참 황홀하게 만들어. "참 잘했어요."란 말만이 아니라, 내가 원하는 레벨업, 내가 바라던 아이템까지도 상처럼 제공되면서 내 이름값을 올라가게 하지.

현실에서 받아보지 못했던 보상, 듣지 못한 칭찬을 자주 듣고 있으니 어떻게 가상세계를 포기하겠니? 현실에서는 루저라는 느낌이 들지만 가상세계에서 나는 정말 최고가 되니까.

게임을 하면서 배우는 것들

> **내 마음의 소리**
> 나도 어른이 될 준비를 나름 하고 있어요. 열심히 사회생활하면서
> 배우고 있거든요~

어릴 때 우리는 '빨리 어른이 되고 싶다'는 생각을 자주 해. 부모님처럼 어른이 되면 자신이 원하는 대로 돈도 쓸 수 있고, 하고 싶은 것도 다 할 수 있을 것 같으니까. 늦게까지 친구랑 다녀도 되고 말이야. 그런데 너희가 한 가지 모르는 것이 있어. 어른이 되면 그만큼 마땅히 치러야 할 의무들도 많이 있다는 것을. 우리 눈에는 무엇인지 보이지 않지만, 부모님들도 어른으로서 많은 역할과 의무를 함께 해내고 계셔. "왕이 되려는 자! 왕관의 무게를 버텨라." 라는 말처럼 사회생활에서는 자유와 권리에 그만큼 책임과 무게가 따른단다.

이러한 사회생활의 책임과 의무를 너희가 사이버 세상에서도 배울 수 있다는 것을 알고 있어. 어른처럼 무언가 역할을 잘 맡고 수행해 결실을 거두는 활동들이 있거든. 예를 들어, 전략적 게임

을 할 때 판단력과 추진력을 바탕으로 전술을 세워. 승부를 위한 도전과 모험심을 경험하게 되지. 팀전을 할 때면 협동심을 끌어 모으고 팀원들이 각자 역할에 충실하도록 책임감도 키워야 하지. 팀이나 친구와의 약속을 지키기 위해서는 성실성이 무엇보다 중요해. 그 역시 배우게 되지. 아바타 뒤에서 누구와 친구를 해야 할지, 누구와 적을 해야 할지 구분하기도 하고. 사이버 머니를 벌기 위해서 어떻게 해야 하는지 알아보면서 자연스럽게 경제관념을 키우기도 해. 커뮤니티 안에서 활동하면서 도덕심과 규칙을 익히고 배우기도 하지.

그런데 중요한 것은 이 모든 것을 현실에서도 반드시 경험해야만 한다는 거야. 가상세계에서 배우는 것들도 많이 있겠지만, 직접 부딪히며 사람들과 소통하고 경험하면서 내 것으로 만들어가는 것들도 매우 크거든.

내가 원하는 직업을 찾을 수 있어요

))) 내 마음의 소리
누군가 나에게 '성공하려면 이거 해라'라고 콕 찍어주면 좋겠어. 실
패는 무서워. 실패하고 싶지 않아.

"쌤, 저 말이에요. 겜 하면서 프로게이머가 되겠다는 생각을 버
렸어요."

"응? 왜 그런 생각을 하게 됐어?"

"게임을 잘하면 스카우트 제의도 받고, 원정 경기도 가거든요.
저번에 저도 도에서 2위를 해서, 시 대회에 나갔는데 날고 기는 애
들은 다 거기에 있더라고요."

"잘하는 애들이 많아서 좌절한 거야?"

"좌절한 게 아니고요. 겜에서 만난 애들이 게임만 하느라 다른
걸 못한다는 얘기를 들었어요. 아는 형들이 그러는데, 진짜 열심히
해도 돈 벌기 힘들대요. 스트레스도 장난이 아니고, 팀에서 라면만
먹이고 움직이지도 못하게 하고 게임만 하도록 훈련시키는데 그것
도 견디기 힘들대요."

나는 무엇이 될까? 뭘 해서 먹고 살지? 내가 잘하는 것이 무얼까? 진로를 찾고 고민하느라고 마음이 불안한 우리! 그러다 보니 이것저것 시도해보는 게 온라인 세상이 되기도 하는 것 같아. 현실에서는 시뮬레이션을 할 수 없으니까 말이야.

가상세계에서는 내가 원하는 직업을 가진 사람을 잘 찾아볼 수 있어. 원하는 직업을 가진 사람의 SNS를 보면서 그 사람의 일상을 보고 어떤 일을 하는지, 어떤 생활을 하는지도 좀 더 알아볼 수 있지. 때로는 소설을 쓰기도 하고, 만화를 그려보기도 해. 그것을 시험 삼아 웹사이트에 올려서 테스트처럼 미리 사람들의 반응을 얻어볼 수도 있어. 블로그와 SNS에 내가 만든 요리, 내가 찍은 사진, 내가 춘 춤을 올려서 의견을 받아볼 수도 있어. 관심 분야가 같은 사람들이 커뮤니티나 인터넷 카페에 가입해서 관련 업계 정보를 들어볼 수도 있고. 능숙하게 잘하지 않아도, 연습 삼아 내가 무엇을 잘하고 있는지 해볼 수 있는 곳이 바로 디지털 가상세계인 거야.

내가 무엇을 하고 싶은지 탐색하고 공부하고, 내 의견을 어필해보기도 하지. 물론 그 과정에서 실패와 좌절을 맛보기도 하지만, 그것 때문에 진짜 중요한 현실의 것을 놓치기도 하지만. 그래도 디지털 가상세계는 실제보다 훨씬 진로나 직업에 대해 접근하기 쉬운 통로임은 분명한 것 같아.

너희가 디지털 세상에서 듣고 싶은 목소리, 투영하는 메시지는 결국 '나도 세상의 주인공이 되고 싶어요.'란 열망이었어. 현실에서는 좀처럼 이루기 힘든 열망이라 디지털 세상에서 열심히 외치고 있었어. "나를 좀 봐주세요."라고.

십 대 시기에는 세상에 나라는 사람이 어떤 존재인지를 보여주고 싶은 욕구가 더욱 세져. 그런데 디지털 세상에서 나다움을 표출하기가 더 쉽고, 그곳에서 사람들이 나를 더 알아주기 때문에 더욱 그 속에서 활동하고 싶은 마음이 생기는 거지. 이것은 어떻게 보면 현재 너희의 환경이나 주변이 너희의 진가를 알아주지 못하고 있다는 이야기가 되기도 해. 있는 그대로의 너를 좀 더 믿어주고, 충분히 연습을 해보도록 독려하며, 실패할 거라 예단하지 않는 환경이 더욱 필요하다는 이야기겠지.

현실에서 부딪히는 절망을
회피할 수 있는 공간

한 남학생이 나에게 물었어. "쌤! 쌤은 절망적인 때가 언제예요?" 중학교 3학년 남학생의 입에서 절망이라는 단어가 나올 줄은 생각도 못하고 있었기에 쌤은 잠시 대답을 못하고 있었단다. 그런 말이 입에서 자연스럽게 나올 때까지 얼마나 힘들었을지 안타까운 마음이 들었어. 그 친구의 질문처럼 현실에서 절망을 느끼는 순간이 언제였을까? 친구가 없어서, 성적이 너무 낮게 나와서, 잘하는 게 없어서, 내가 너무 초라해서. 절망을 느끼는 순간들이 쌤의 머릿속을 스쳐지나갔단다. 나도 청소년 시절을 지나왔는걸. 나라는 존재에 대해서 확신하고, 나름 괜찮은 사람이라는 걸 알기까지 얼마나 힘들었을지도 잘 알고 있어. 청소년기에 질풍노도의 시기란 말이 괜히 붙는 게 아니란다.

십 대 시기에 우리는 자기를 찾고 싶어 해. 내가 누구인지를 알고 싶고, 어떻게 살아야 할지를 알고 싶지. 이 땅에 태어난 이유를 알고 싶고, 내 삶을 멋지게 주도해서 살아야겠다는 생각이 강해져. 썩 괜찮은 사람이 되고 싶지. 하지만 지금의 나는 몹시 기대에 미치지 못하고, 한심하고 초라해 보여. 그래서 불안함을 느끼게 돼.

어쩔 때는 매번 기대에 못 미치는 나 자신에게 화도 나고, 매번 다짐하지만 쉽사리 지키지 못하고 포기하고 마는 자신을 용서할 수 없기도 해. 다른 친구들은 앞서 가 있고, 더 멋진 것을 추구해 나가는 것 같은데 나는 이제라도 뭔가 시작하려고 해도 너무 멀어 보여. 게다가 뭘 어떻게 해야 할지도 모르겠지. 매일 답답하고, 매일 초조하고, 매일 쫓기는 기분이 들어. 어른들은 이런 맘을 알지도 못하면서 맨날 '잘하라'고 닦달하고 있지. 결국 좌절하고 '절망'이라는 단어를 떠올리게 돼. 가장 빛나야 할 청소년기에 실제 나라는 존재에 대해서 가망성이 없다고 생각하고는 그 절망을 회피하고자 또 다른 세상을 찾게 되는 거야.

⏸ 친구도 많이 사귈 수 있는걸요

))) **내 마음의 소리**
나는 많은 관계를 맺고 싶어요. 난 어딘가에 소속되고 싶어요!

부모님과 갈등이 가장 많은 시기가 바로 사춘기야. 그러다 보니 부모님보다 말이 잘 통하는 또래 친구와의 관계는 더욱 긴밀해지고 돈독해지지. 부모님보다 친구가 더 소중한 때가 바로 십 대 사춘기 시기야. 그런데 이 친구 관계 역시 내 맘처럼 순탄하게 풀리지 않아. 친구와 더 가까워지고, 나와 긴밀한 관계가 되어주기를 바라는 마음들은 큰데, 상대 친구는 그러지 않은 경우도 많잖아. 혹은 친구들 사이에서 나라는 존재를 확인하고 싶은데, 아무도 나를 잘 챙겨주지 않는 것 같아 덜컥 겁이 나기도 하고 서운한 마음이 들기도 하지.

학교에서도, 학원에서도, 교회나 모임 같은 곳에서도 활달한 성격으로 친구들을 많이 사귀어서 인기가 있고 싶은데, 내 성격은 내향적이라 그러기가 쉽지 않은 때도 있어. 나랑 말이 잘 통하는 친구를 사귀고 싶어서 나와 비슷한 사람을 찾는데 그런 친구는 거의 없는 것 같아. 다른 친구들은 다들 잘 어울리는데 내가 이상한 걸까 하는 생각이 들어서 한 커뮤니티에 이런 심경을 글로 올렸는

데, 의외로 나와 비슷한 감정을 느낀 사람들이 댓글을 많이 달아
줘. 자신도 그렇다면서 말이야. 댓글들을 보는 순간 '내가 이상하
지 않구나'란 생각이 들어 안심이 되면서 희망을 찾게 되지. 이 사
람들과 친구가 될 수 있겠다는 생각이 들거든.

　현실에서는 친구들이 있다고 해도 '내 곁에 있는 진짜 친구'라는
확신이 안 들 수도 있으니까. 필요할 때만 만나고, 학원과 공부에
쫓기면서 잘 만나지 않게 되니까. 너희에겐 정말 내 마음을 터놓
고 이해해줄 친구가 필요한 거지.

　반면에 스마트폰 속 세상에서 만나는 친구들은 나를 늘 반갑게
맞아줘. 잘 모르는 사이인데도 나에게 친근하게 말을 걸어주고,
서로 품앗이로 댓글을 달아주고 내 SNS에 '좋아요'를 눌러주기도
해. 마음속에 내재된 친밀감의 욕구를 채워주는 곳이 바로 스마
트폰 속 세상인 거지. 게다가 내가 몰랐던 친구의 친구, 그 친구의
친구와도 '친구 맺기'를 통해서 친구가 될 수 있어. SNS의 사진과
글을 보면서 그 친구의 생활도 잘 알 수 있기도 해. 이곳에서는 내
가 원하는 만큼, 친구 관계가 넓어질 수도 있고 긴밀해질 수도 있
는 거지.

　그뿐이 아니야. 서로 몰라도 게임에서 팀전을 함께하면서 큰 전
쟁을 치른 전우애가 생기고, 게임을 못하는 애들에게 호의와 친절
을 베풀어주기도 하고, 내가 그걸 받게 되기도 해. 그런 동지애는

현실에서 사실 경험하기가 쉽지 않잖아. 단톡방에서는 내가 말을 잘하지 못해도 적절한 이모티콘을 찾아서 반응해주면 그만이야. 수다도 떨고 유익한 정보도 공유하고, 심심하지 않게 웃기는 동영상도 보고. 간혹 챗에서 새로운 이성 친구를 사귀기도 하고, 그 애와 깊은 대화를 나누기도 해. 스마트폰 세상에서는 나도 더 이상 외롭지 않은 것 같은 기분이 드는 거야.

상담실에서 만나는 아이들도 그렇고, 여러 연구 결과를 통해서도 인터넷, 스마트폰으로 인해 오히려 대인관계가 좋아졌다는 응답이 많이 나왔어. 그런데 한번 생각해보자. 내게 정말 친구가 생긴 걸까? 실제로 그 친구들을 만나 관계를 맺어보면 사이버상에서의 느낌과 같은 느낌이 들까? 혹시 친구맺기를 통해 내 친구가 그만큼이나 많다고 고스란히 생각되는 거니? 친구맺기를 통해 알게 된 사람들이 정말 '친구'일까? 그들 중에 나와 같이 시간을 보내주고, 고민을 공유하고, 맛있는 것을 함께 먹고 웃을 수 있는 사람은 얼마나 되는 거지?

✅ 내 개성, 내 취향, 나를 표현하는 한 방법이라구요

> **내 마음의 소리**
> 내! 이런 사람이야~. 자, 이제 다 알겠지?

디지털 세상은 '나라는 사람을 알리는 통로'가 되기도 하지. 지금은 각자의 개성을 존중하는 자기표현의 시대야. 남과 다른 것이 하나의 멋으로 보이기도 하는 거지. 십 대 시기에는 나만의 무언가를 더욱 표출하고 싶은 욕구가 커져. '세상의 주인공'으로 살고 싶은 마음, 주목 받고 싶은 마음에서 '나만의 의미 부여'가 중요해지고 나만의 상징, 나만의 취향, 나만의 액세서리 등을 이용해서 내가 누구인지를 표현하고 싶어 하지. 현실에서 이렇게 하려면 많은 비용이 들어. 디지털 세상으로 이동하면 나만의 개성을 표현하는 것도 훨씬 쉬워지지. SNS에서 시시콜콜 나에 대해서 알리고 표현할 수 있으니까.

내가 원하는 취향대로 블로그를 꾸밀 수 있고, 내가 좋아하는 것에 대한 정보를 수집하거나 내 생각이나 의견을 담은 글을 적을 수도 있어. 배경화면에 내가 좋아하는 음악을 깔고 즐겨 가는 사이트나 앱을 연결시켜 내가 어떤 성향이고 어떤 식의 사람인지를 표현할 수도 있지.

아마도 십 대 친구들이 가장 자주 쓰는 디지털 기기는 스마트폰일 거야. 이 스마트폰에 투영하는 표현 욕구도 매우 커. 기종을 최신형으로 바꾸거나 내가 좋아하는 스타일의 휴대폰 커버를 사서 씌우기도 하지. 예쁜 스티커로 스마트폰을 꾸미는 것도 내 표현의 한 방법이야. 이것은 단순한 스마트폰이 아니라 나의 전신처럼 여겨지는 존재가 되기 때문이야. 나에 대해 간단하면서 임팩트 있게 어필할 수 있는 매개가 되는 거야.

사실 이렇게 나를 표현하는 욕구는 매우 건강하고 또 필요한 거야. 나를 알려야 다른 사람과 소통을 더 많이 할 수도 있고, 내 개성을 통해 내 장점을 드러낼 좋은 기회도 될 테니까. 하지만 도가 지나쳐서 나를 표현하고 싶은 욕구보다 웹에서 내가 어떻게 보이는지에만 치중한다면 오히려 역효과가 날 수 있어. 배경을 바꾸느라 종일 투자하고, 최신 기종에 집착하고 그래도 맘에 안 들어서 기기를 또 바꾸는 식이면 나라는 사람을 잘 표현하는 방법이 무언지 곰곰이 고민해볼 필요가 있어. 오히려 진짜 나를 표현하고 싶은 욕구보다, 더 멋진 나를 만들어내기 위해 가짜를 지어내는 상황이 될 수도 있는 거거든.

>)) **내 마음의 소리**
나 영웅이거든~ 모두 나에게 집중했으면 좋겠어! 나~ 인기 많아!!

평범함을 거절하고 싶은 욕구는 청소년기에 누구나 다 가지고 있어. 이 욕구는 디지털 세상에 가면 더욱 눈에 띄는 것 같아.

"제발 무플만은 아니 되오!"
"무플을 주려거든 죽음을 주시오!"
"'좋아요'를 누르고 가는 센스!"
"그냥 가면 냥이가 슬퍼해요. 흑~"
"하트가 필요해요!"

만일 웹사이트에 내가 올린 글에 아무도 답을 하지 않거나, 단톡방에 내가 말한 메시지 뒤에 아무도 답하지 않으면 그때부터 머릿속에서 자꾸 "왜 답이 없지? 내 글이 별로인가?"란 생각을 해본 적이 있니? 아마 이런 생각을 해보지 않은 사람은 별로 없을 거야. 그런데 이런 생각들이 많아져서 다른 일에 집중하지 못하고 자꾸 메시지만 확인하는 친구들도 있어. 1분에도 몇 번씩 댓글을 확인하고, 그 댓글에 댓글을 달고 또 답을 기다리면서 거기에서 빠져나오지 못하는 사람도 있고. 악플보다 더 무서운 것이 무플이라며, 어떤 사람들은 댓글을 간절히 부탁하는 고양이 사진이라든지, 예쁜 애니메이션 이모티콘을 함께 올려 다른 사람들의 반응을 대놓고 요구해.

어떤 친구가 여친과 뽀뽀하는 장면을 사진으로 찍어 사이트에 올렸는데, 남자 친구들의 댓글이 '오, 있어 보이고!', '쩐다~' 같은 댓글을 달며 엄청나게 반응해주었어. 그 친구에게 그때 기분이 어땠냐고 물으니까 어깨를 으쓱하더구나. 뭔가 내가 '대단한 일을 했다는 것 같은…' 느낌이 들었대. 모두의 주목을 받고, 남다른 사람처럼 느껴지는 거지.

어떤 친구는 게임을 할 때, 역주행해서 코스를 벗어나고서는 다른 친구들은 가지 못하게 길목을 막고 자신의 팀만 지나가도록 하여 승리를 얻어냈대. 상대 팀에서는 그 친구에게 야유를 퍼붓지만, 같은 팀에서는 "덕분"이라며 칭송을 했다고 해. 게임을 잘하는 친구들은 자신의 팀을 위해서라면 아무렇지 않게 반칙을 했더라도 영웅대접을 받은 적이 꽤 있다고 하더라.

이렇게 온라인상에서 사람들이 보내는 환호를 또 받고 싶어서 넘어서는 안 되는 선까지도 넘는 일이 매우 많아. 한 여학생이 과감한 포즈로 남학생들을 유혹하는 자극적인 사진을 올려놓고 '좋아요'를 부탁한 일이 있었어. 그 학생의 사진이 학교에도 일파만

파 퍼지다가 결국 학생주임 선생님에게 걸려서 징계를 받고 상담실에 특별 교육을 받으러 오게 되었지. 다른 사람의 소설을 자신의 모험담인 것처럼 위장하여 올려서 조회 수를 올린 친구도 보았어. 물론 불법이라 이 역시 처벌 대상이 돼. 또한 스마트폰 게임을 하기 위해 필요한 아이템인 '하트'를 얻고자 친구들에게 밤새도록 초대장을 날리는 친구들도 많이 있어.

　남들에게 더 인정받고 싶은 마음에, 영웅 대접을 받고 싶은 마음에 더 웃기고, 더 세고 더 강렬한 정보를 찾기 위해 수단과 방법을 가리지 않는 친구들. 더 큰일인 것은 스스로 그런 지경에 다다르는 줄도 모르는 경우가 태반이라는 거야. '남들이 퍼가지 않은 새로운 소식!', '더 웃기는 동영상'을 먼저 올려야 하는 사명을 타고 이 땅에 태어난 것처럼 열을 올리는 이유는 결국 다른 사람에게 인정받고 싶기 때문이야. 하지만 이런 모습이 진짜 영웅이 아니라는 것은 이미 너희도 알고 있을 거야. 가상 세상에서 받게 되는 달콤한 피드백에 취해 있을 뿐이라는걸. 어쩌면 내가 진짜 영웅이 아니기 때문에 영웅으로 보이고 싶어서 그렇게 노력하는 거라는 걸 말이야.

✏️ 나를 도와주는 만능 비서가 되어주거든요

))） **내 마음의 소리**
있는 그대로의 나는 창피해. 부끄럽지 않도록 잘하는 모습으로 만들
어줘~!

길을 잃을 때 길을 가르쳐주는 '길 안내 애플리케이션', 요리법
을 모를 때 요리 재료와 순서를 친절히 가르쳐주는 '요리 블로그',
"너랑 친구가 되고 싶어."라는 말을 영어로 말할 수 있게 도와주는
'번역 애플리케이션', 영화 예매를 빨리해주는 '예매 서비스', 그 남
자애가 말하는 게 과연 그린라이트인지 아닌지를 알려주는 '연예
상담 포스트', 멋진 패션을 조언해주는 '코디 앱', 이제 이거 없으
면 공부가 어려운 '학습 사이트'까지.

이렇게 나의 부족한 부분을 채워주고, 나의 능력을 몇 배로 확
대시켜주는 만능 비서가 어디에 있을까? 바로 스마트폰, 컴퓨터
만 켜보면 이 모든 도움을 쉽사리 받을 수 있어. 그야말로 가제트
만능팔처럼 만능 비서인데 말이야.

나의 부족함을 가려줄 수 있는 좋은 도우미이긴 하지만, 그것
역시 나 자체는 될 수 없어. 디지털 서비스들이 나 대신 시험을 볼
때 영어 단어를 써주지는 못하니까. 일시적으로 나를 똑똑하게 보
일 수는 있어도 그것이 나를 대체할 수는 없다는 것을 알아야 해.

그러니 만능 비서에게 너무 의존하기보다는 적절히 도움받는 선에서 그치는 지혜를 발휘해보자.

　이런 이유들로 우리가 디지털 세상에 자주 그리고 오래 머물게 되는 거야. 하지만 어느 순간 이것 때문에 더 마음이 공허해질 때도 있을 거야. 디지털 세상에 빠져들수록 만족감이 높아지는 게 아니라 더 하고 싶고, 더 갖고 싶고, 더 채우고 싶으니까. 아무리 스마트폰을 사용하고 싶은 이유가 정당하고 타당하다 하더라도 그것이 나의 깊은 절망을 고쳐주지는 못하는 거야. 왜냐하면 너라는 존재는 유일하고 허상도 아니고 가상도 아니고 실재니까.

불만족스럽고 은밀한 욕구를
해소할 수 있는 유일한 곳

디지털 세상에서의 활동은 현실에서 갖는 불만족을 해소하는 데에도 도움이 되곤 하지. 때로는 누구에게도 "나한테 이런 욕구가 있어요."라고 말하기 부끄러운 욕구들이 있는데, 그것을 해소할 수 있는 곳이기도 해.

✏️ 합법적으로 누군가를 때릴 수 있잖아요

))) 내 마음의 소리
아이 씨~ 열 받아. 다 때려주고 싶단 말이지!!!

　중2병이라는 말, 모르는 친구들이 없겠지? 그야말로 감정기복이 심하고, 이유 모를 짜증과 화가 하루에도 여러 번 치솟는 시기가 바로 너희가 지나고 있는 사춘기야. 나조차도 내 마음을 알 수 없는 때가 많은 시기랄까? 그런데 사춘기만이 아니라 사람의 본성에는 누군가를 공격하려는 욕구가 근원적으로 숨어 있다면 어떨까? 유명한 심리학자 프로이트는 사람들의 무의식에는 공격하고 파괴하는 본능, 성적으로 쾌락을 누리고, 기초적 본능에 충실하고자 하는 에너지로 가득 차 있다고 주장했어. 그렇기 때문에 교육, 종교와 도덕, 법과 양심을 통해 안전한 사회를 만들어야만 하는 거지.

　이처럼 우리가 해서는 안 될 일을 통제하고 화와 분노를 건강하게 표출하는 방법을 배워나가는 것은 그것이 함께 살아가는 현명한 기술이기 때문이야. 거리에서 그냥 짜증이 난다고 이유 없이 시비를 걸고, 싸움을 한다면 설령 내 감정이 아주 나빴다고 하더라도 어느 누구도 너를 이해해주기 힘들 거야. 현실 세계는 나 혼자 살아가는 공간이 아니라, 누군가와 함께 어울려 살아가는 곳이니까.

그런데 가상세계에서는 공식적으로 공격하는 행동이 가능해져. 특히 게임에서는 더욱 그렇지. 게임의 방법이 대개 누군가를 때리고, 죽이고, 지배하고, 빼앗고… 지키고, 다시 공격하고, 강해지고, 올라가고의 반복이거든. 다른 사람을 때리고 싶은데 직접 때릴 수는 없으니 공격적인 게임을 통해서 적절하게 그 욕구를 해소하는 셈이야. 최근에 TV에 방영되는 여러 게임 광고를 살펴보면 대개가 무기를 들고 적과 전투하는 장면들이야. 모두 이 욕구에 매우 충실한 게임이라는 걸 알 수 있지. 성을 지키든지, 마을을 지키든지, 내 것을 빼앗겨 복수를 한다든지 하는 전투의 스토리만 다를 뿐이지. 괴물과 싸우기도 하고, 사람과 싸우기도 하고 외계 생물체와 싸우기도 하지만 어쨌든 게임에서 우리는 싸우고 빼앗아야만 이기고 내 레벨이 올라가게 돼.

온라인 게임을 많이 하는 친구들이 그러더라. 도형을 맞추고, 보석을 바꾸고, 커피콩을 모으는 게임들도 있지만, 그런 건 스릴이 없어 재미가 없다고. 얌전한 애들이나 하는 게임이라고 말이야. 긴장감과 스릴, 묘한 쾌감은 어떤 것을 때려 부수는 게임이라야 가능하다고 하더라. 이 친구들 중에는, 처음에 이런 게임에 별로 관심이 없던 친구들도 있었어. 그런데 하다 보면 내가 죽지 않아야 하고, 지지 않아야 하니까 파괴하는 데 동참하게 되고 그러다 보니 몰입하게 되었다고 말이야. 고백하자면, 쌤도 게임을 연구하고 너희와 친해지기 위해 이런 게임을 해본 적이 있거든. 써든○○라고…. 쌤이 게임에 등장하자마자 누군지 모를 적들이 나를 막 총으로 쏘더라고. 내가 바로 죽지 않으려면 나도 총을 쏠 수밖에 없더라. 그때 알았지. 게임을 아예 하지 않으면 모를까, 하게 되면 이기기 위해서 나도 남을 파괴해야 한다는 걸.

영화에서도 그냥 드라마는 심심하지만, 액션이 있고, 긴박한 긴장감이 있으면 짜릿함을 느끼고 뭔가 해소되는 기분이 들기도 하잖아. 추격전에서 차가 거리를 활주하다가 뒤집히고, 악당과 주인공이 서로 던지고 치고… 이런 장면들은 보는 사람으로 하여금 한순간도 놓치지 않게 하거든. 이 모든 것이 심리적인 전략에 의해서 만들어지는 거야.

문제는 이런 공격적인 게임에 계속 노출되다 보면 현실에서의 통제 능력을 차츰 잃게 된다는 거야. 이런 현상을 보여주는 사건들이 꽤 많이 있어. 미국에서 FPS(1인칭 총 싸움 게임)에 많이 노출된 사람이 학교에서 무차별 사격을 가했던 사건들, 몇 년 전 뉴스에서는 자동차를 운전하는 게임, '카트○○○'를 하던 초등학생이 진짜 차를 몰 수 있다고 믿게 되어 아빠 차를 훔쳐서 운전하다가 다른 차량과 부딪친 사건도 있었지. 또 게임 속에서 만난 얄미운 유저들을 실제로 만나서 때려 주고 싶어서 직접 폭행하는 '현피'도 있잖아. 이런 모습들이 게임 등에서 아무렇지 않게 공격성을 자극하기 때문에 현실에서 벌어지는 일들이야.

물론 게임이 직접적으로 공격적인 행동을 유발하게 만든 것은 아닐 수도 있어. 하지만 너희의 정서와 행동에 상당 부분 영향을 미치는 것이 사실이야. 잘못된 생각은 마음을 멍들게 하고, 잘못된 행동으로 이어지게 할 수 있는 거야. 만약에 너희가 어떤 이성을 좋아한다면, 하루 종일 그 사람의 생각이 나고 그 사람이 한 말, 그 사람의 표정을 떠올리게 될 거야. 그러면 어느 순간 그 사람과 비슷한 표정만 보아도 그 사람이 떠오를 거고. 마치 그 사람이 나와 늘 함께 있는 것처럼 그 사람 생각을 하며 지내게 되거든. 공격성도 마찬가지야. 너희가 게임 등을 통해 파괴적인 행위에 스릴과 쾌감을 느끼면, 진짜 그럴싸한 자극을 찾게 되고 그러다 보면 더 센 자극을 찾다가 실제로 '사람을 해쳐도 별 일 아니구나'라고 착각할 수 있는 거야. 대다수 친구들이 게임을 20~30분만 하고 마치는 경우는 없을 거야. 꽤 오랜 시간 공격적인 자극과 상황에 반복적으로 노출된다면 점점 생각과 정서는 그에 물들어가게 될 수 있다는 걸 명심해야 해.

🕐 야동을 안 보는 친구는 거의 없어요

앞서 프로이트 박사님 얘기를 했었는데, 심리학에서 우리에게 쾌락을 추구하는 욕구가 있다고 이야기해. 그중 하나가 성적 욕구야. 십 대 친구들이 사춘기가 되는 우선 기준은 '2차 성징이 나타났는가?' 하는 거잖니? 2차 성징은 여자, 남자로서의 외적 변화가 일어나 어른의 모습을 갖추게 되는 걸 말해. 호르몬의 변화로 신체가 성장하면서 어른처럼 외적으로 자라고, 성적 욕구를 표현하거나 느끼는 것에 더욱 관심이 많아지는 시기가 된 거지. 그런데 문제는 몸은 어른이 되었으나 그에 따른 생각, 가치관, 정서, 마음은 아직 청소년인 상태라 외적 상태와 내적 상태가 일치하지 못해 혼란을 느끼게 돼. 그래서 '사춘기'하면 질풍노도가 되는 거고, 어른인 듯 어른이 아닌 듯, 어른인 것처럼 행동하게 되는 거야.

더군다나 남자아이들은 이 시기에 가장 왕성한 성적 욕구를 느끼게 돼. 그런데 생활 속에서는 이 성적 욕구를 해소할 방법은 별로 없지. 그래서 야한 생각이 들면 격렬한 운동을 하거나 다른 일에 집중하면서 그런 생각을 잊어버리려고 애를 쓰게 되거든. 이런 성적 욕구를 적절히 해소해주는 공간으로 디지털 세상이 대체되고 있는 거지.

디지털 세상에서 성적인 욕구를 해소하는 방법 중 하나가 게임이야. 게임에서 승리할 때, 적을 물리칠 때 말할 수 없는 쾌감을 느끼는데, 그것이 "야동을 본 것처럼 짜릿하다"고 하더라. 실제로 남학생이 여학생보다 더 게임을 많이 하는데 남학생이 승부에 더 몰입하는 경향도 있지만 이런 짜릿함이 그 이유가 되기도 해. 어떤 게임은 아예 성인용 게임으로 설정되어 있거나 성적인 자극을 주는 보상물이 있는 경우도 있어. 물론 이런 게임은 19금인데, 등급을 지키지 않고 어둠의 경로를 통해 다운받아서 하는 경우가 매우 흔하지.

또 어떤 친구들은 성적 욕구를 위해 야한 동영상을 다운받아서 보기도 해. 최신 핫 동영상이라며 서로 메신저로 보내주기도 하고. 때로는 이메일에서 잘못 클릭해서 야동이 나오는 경우도 있지. 광고에도 야한 사진의 배너가 뜨는 등 성적인 영상물에 관해서는 디지털 세상에서 안전지대가 없을 정도야. 이 밖에 음담패설, 연예인의 야한 사진, 야동보다 더 야한 만화, 심지어 학교 친구들의 야한 소문들까지 디지털 세상에 아무 제약 없이 펼쳐지고 있어.

우리에게는 성적인 욕구가 있고, 그것을 표현하고 싶고 어떤 느낌일지 궁금해하는 것은 지극히 당연한 거야. 거기에 관해 호기심이 많다는 것도 너무 잘 알아. 그렇지만 디지털 세상에서 접하는 영상이나 소스들로는 욕구 해소보다 정서적으로 불쾌감이나 불안정함을 조성하는 자극물이 더 많이 있어. 그래서 쌤은 너희가 아직은 그런 자극들에 노출되지 않았으면 좋겠어. 어른들은 야동을 봐도 되고, 너희는 안 된다고 말하는 게 아니야. 앞서도 말했듯이 어떤 자극에 계속 노출되어 있다 보면 그것에 빠져들게 되고, 일상에서 균형감 있게 생활하기가 힘들어. 어른들조차 이런 자극에 약하기 때문에 가급적이면 이런 자극에 노출되지 않으려고 노력한다는 걸 알아줬으면 좋겠어.

자칫 가상세계에서 느낀 일을 현실에서도 느끼려고 시도하게 되면, 잘못된 이성관이 자리 잡히고 실제로 이성 친구에게도 잘못을 저지를 수도 있거든. 아빠 엄마처럼 가정을 꾸리고 책임질 수 있는 위치가 될 때까지 아닌 건 아닌 걸로!! 무엇보다 디지털 세상에서 노출되는 성적인 영상물이나 소스들은 과장되고, 상업적인 것들이 많아서 진실이 아니라는 걸 알았으면 해. 너희가 한 사람으로서 소중한 대접을 받고, 사랑하고 사랑받아서 정서적으로 충분히 행복한 경험부터 쌓기를 바랄게.

솔직히 게임 말고 스트레스를 해소할 게 뭐가 있죠?

지금이 열심히 배워야 할 때이고, 어떤 사람이 되어야 할지, 어떤 일을 해야 할지 꾸준히 생각하고 정립해 나아가야 하는 때라는 건 알지만, 때로는 이런 것들이 너무 숨 막히고 가혹하게만 느껴지는 때가 있어. 쌤도 너희가 스트레스 받지 않는 로봇이 아니라는 걸 알아. 다른 나라보다 입시에 대한 압박감이 높고, 성공지향적인 사회에서 실패에 대한 큰 두려움이 너희들을 몹시 힘들게 한다는 걸 알고 있어. 그에 비하면 정말 휴식을 취하거나 놀 거리는 없는 것 같아. 현실에서는 스트레스를 받더라도 그걸 풀 수 있는 것들이 없지.

디지털 세상은 스트레스를 쉽게 풀 수 있는 공간이야. 내가 흥미가 생기는 것에 대해서 쉽게 접근할 수 있지. 돈도 들지 않고 원 없이 친구들과 수다를 떨고, 음악도 마음껏 듣고, 밀린 드라마와 예능도 볼 수 있고. 아무 생각 없이 재미있는 것에 빠질 수 있잖아. 공부도 생각나지 않고, 싸웠던 친구도 생각나지 않아. 엄청나게 다양한 콘텐츠가 나를 심심하지 않게 하니까.

쌤이 상담실에서 만난 아이들에게 물어보았어. 게임을 하는 동안 정말 스트레스가 풀렸냐고. 그랬더니 친구들이 게임을 시작하고 딱 30분 정도는 정말 기분이 좋더래. 그런데 그 이후에는 도리어 짜증이 났대. 승부에서 지기도 하고, 개념 없이 구는 애들로 인해 피해 보는 일도 생기니까.

한 친구는 웹서핑을 하고 SNS를 관리하면서 스트레스를 푼대. 그냥 컴 앞에 앉아 있으면 시간이 매우 잘 간다는 거야. 실시간 검색어로 올라오는 것들을 눌러보기도 하고, 가십거리를 하나하나 읽어본대. 그런데 그러면서도 불안하고 초조해진다고 해. 아무 생각 없이 컴 앞에 앉아 있으면서도 시간은 가고, 해야 할 일은 줄지 않으니까. 과제도 해야 하고, 엄마가 언제 방에 들어올지 신경도 쓰이지만 컴을 끄기는 싫고. 그런 마음들 때문에 짜증이 난다는 거야.

그 친구의 이야기는 쌤의 경험과도 몹시 흡사했어. 쌤은 최근에 아주 힘든 일을 겪었는데 기분을 전환하려고 디지털 세상에서 며칠씩 보내곤 했어. 스마트폰으로 드라마를 다운받아서 몰아서 보고, 괜히 아무 사이트나 접속해서 목적 없이 검색을 하고 다녔지. 그런데 기분이 더 나쁘고 불쾌하더라. 잠을 자려고 해도 잠이 오지 않고 더 찝찝한 기분이 들었어. 마음이 상쾌해지지 않고 더 공허해지더라고. 내가 바보 같기도 하고.

　정말 해야 할 일은 따로 있는데 회피하는 내 모습을 알았기 때문이야. 진짜 해야 할 일은 산더미인데 아무것도 해놓지 않은 상태라 놀아도 논 것 같지 않았지. 이렇게 놀면 기력이 채워져서 할 일도 더 열심히 할 수 있어야 하는데, 오히려 더 하기 싫은 기분만 커졌지 뭐야. 그래서 쌤은 기분 전환을 위해서 컴 앞에 앉기보다는 바깥에 나가서 산책을 하거나 친구들을 만났어. 기분이 울적할 때는 아예 울어버리기도 했지. 가족들과 맛있는 것을 먹고, 친구들과 만나서 수다도 떨고… 결론은 디지털보다 더 좋은 경험을 통해 스트레스를 줄일 수 있었어.

　스트레스를 받을 때 디지털 세상은 가장 손쉬운 방법이 되기도 하지만, 그 효과는 미미해. 어쩌면 더 좌절감을 줄 수도 있지. 원래 가치 있고 보람 있는 것일수록 어려운 거야. 어려운 것을 통과한 짜릿함이 나를 더 멋지게 만든다는 걸 알아둬.

))) **내 마음의 소리**
낮은 자존감을 감추고 싶어요. 리셋하고 싶어요!!

간혹 디지털 세상에 빠져드는 사람들 중에는 '아예 내 인생을 싹 지우고 싶다'는 사람들이 있어. 지금 내 모습이 맘에 들지 않기 때문에 전혀 다른 사람으로 살고 싶은 거지. 이런 사람들을 상담 하다 보면 자존감이 아주 낮게 나와. 나라는 사람을 좋아하지 않 아서 아예 새로 시작하고 싶은 상태인 거지.

디지털 세상에서 자신이 이상적으로 생각하는 스타일의 사람을 발견하고 그 사람을 모방하거나, 그 사람인 척하며 SNS 활동을 한다든지 하는 행동의 배경에는 이런 욕구들이 자리해. 그 사람의 블로그에서 본 맛집을 가고, 그 사람이 든 가방을 들고, 그 사람이 입은 옷을 입고 싶어서 무리하게 따라 하고는 그것을 또 SNS에 올려 사람들의 반응을 살피는 이들. 이런 사람들이 특수한 케이스 라고 생각할지 모르지만 의외로 많이 있어. 그 내면에는 아마 현 실 속 자신에 대한 많은 불만족과 채워지지 않은 욕구의 문제들이 있겠지.

여기에 대해서 쌤의 이야기를 해볼까 해. 쌤은 예전에 내 이름이 참 맘에 들지 않았어. 너무 흔하고 특징이 없는 것 같았거든. 부모님이 어질 현(賢)에 곧을 정(貞)을 써서 '현정(賢貞)'이라는 이름을 지어주셨는데, 세상에 우리 반에 현정이란 이름이 무려 6명이나 있었단다. 최현정, 이현정, 지현정, 정현정, 김현정, 김현정. 이름은 그렇다 쳐도 성까지 같은 아이가 있는 건 너무한 거 아니니? 게다가 난 키가 작아서 '작은 현정'이고, 키가 큰 김현정은 '큰 현정'으로 불렸어. 나는 너무 이름이 만족스럽지 않았어. 부모님께 내 이름을 바꿔 달라고 졸랐던 적도 많아. 그러자 어느 날 엄마가 쌤에게 말씀해주셨어. 같은 '현정'이란 이름이라도 뜻이 다르다고. 너의 이름은 특별한 의미가 있다고 말이야.

쌤은 태어날 때 무척 고생을 했대. 다른 아기들은 머리부터 나와서 그보다 작은 몸과 다리가 부드럽게 빠져나오는데, 나는 다리부터 나와서 목이 엄마의 자궁에 걸려서 죽을 뻔했다는 거야. 태어날 때는 거꾸로 태어났지만, 살아갈 때는 어질고 곧게 살라고 이름을 그렇게 지어 주신 거래. 그제야 나는 내 이름을 곱씹어보고 다시금 정을 붙이려 노력하게 되었지. 우리도 마찬가지야. 특징이 없고, 오히려 뒤처져 보잘 것 없는 나인 듯해도, 부모님의 자식으로, 우리 학급의 일원으로, 나인 채로 나만의 의미가 존재해.

고백하건대, 쌤도 자존감이 무척 낮은 편이었어. 내 모습이 맘에 들지 않아서 머릿속에 상상 인물을 만들기도 했어. 쌤이 초등

학교 때 예쁘고, 집도 부자고, 공부도 잘하고, 남학생에게 인기도 많았던 친구의 이름이 '이정은'이었거든. 쌤은 항상 자신을 '이정은'인 것처럼 상상하곤 했어. 사춘기 시기에 상상 속의 친구를 만드는 것은 흔히 있는 일이지만, 내게는 참 일찍부터 머릿속에 가상세계가 있었던 거지.

이렇게 즐거운 상상은 현실의 고통을 잊어버리는데 도움을 줘. 하지만 그래서 다시 현실을 보면 더욱 고통스럽다고 느끼게 되기도 해. 성냥팔이 소녀가 불을 켤 때마다 먹을거리가 많고, 따뜻한 난로가 있는 환상을 봤지만 불이 꺼진 현실은 춥고 배고프고 따뜻하게 할 장작 하나 없었던 것처럼 말이야. 그러니 현실의 내가 맘에 들지 않더라도, 상상에 빠져 거기에서만 머물지는 말아야 해. 디지털 세상에서 얻는 일시적인 만족감보다는 더 근본적인 자존감 회복을 위한 노력이 더 중요해. 누군가를 따라 하는 삶이 아닌, 내 삶의 주인공으로서 살기 위한 노력 말이지.

어른들은 모르는
우리가 가상세계로 빠져드는
이유와 해답 찾기

인터넷, 스마트폰
뒤에 자리한
우리들의 진짜 문제
살피기

chapter 3

우울하고 불안한
감정을 조절하기
힘들어요

"선생님, 우리 애가 그러는데 뭐든 귀찮대요. 말을 걸어도 대답을 안 하고 자기 방에 들어가서 나오질 않아요. 밥 먹으라고 해도 안 나오고요. 방에 들어가면 계속 게임만 해요. 그러다 어떤 날은 그냥 이유 없이 눈물이 난다고 하고, 세상이 슬프대요. 애 상태가 걱정이 되어 옆집 애한테 물어보면 학교에서도 친구랑 이야기하는 것도 싫어하고 혼자 다닌다고 해요. 교실에서도 엎드려 잠만 자고,

숙제도 안 해온다나 봐요. 우리 애가 전에는 안 그랬거든요. 아무리 생각해도 게임이 애를 망친 것 같아요." (중 3 남 어머니)

"저는 늘 안절부절못해요. 아무것도 아닌 일에도 걱정이 되고, 불안해져요. 어떤 날은 나도 모르게 눈썹을 뽑고 있더라구요. 냉장고 문을 계속 열었다 닫았다 하게 되고, 그런 거 잊으려고 게임을 막 해요. 그때는 괜찮다가 게임을 안 하면 또 마음이 불안해져요. 이제는 학교에 가서도 게임 생각이 나고, 조금이라도 못하면 더 불안해져서 어떻게 될 것 같아요. 청소도 안 하고 가고, 친구들이 떡볶이 먹고 가자고 해도 급하게 PC방을 가서 게임이라도 해야 마음이 가라앉아요." (고 1 남)

"신 나게 자판을 두들기고 나면 뭐가 싹 내려가는 것처럼 기분이 좋아져요."

"어떨 때 자판을 두들기는데?"

"당연히 화가 날 때죠. 요즘 화가 왜 이리 많이 나는지 모르겠어요. 짜증나고, 다 싫어요. 엄마는 마녀 같고, 누나는 더 마녀 같아요. 아빠는 대왕마귀! 싫다고 대든 것도 한두 번이죠. 이제는 대드는 것보다 그냥 문 닫고 겜 해요."

"그렇구나. 어떤 게임을 하면서 자판을 두들기니?"

"말해도 모르실 텐데…, FPS 게임 아세요?"

"알지? 쌤도 너희들에게 많이 배웠는데."

"어떻게 그걸 아세요. 짱~."

"그래서 네가 하는 게임이 뭔데."

"써든이랑, 카스요. 다른 것도 많이 하는데, 이걸 더 많이 해요"

(중 2 남)

쌤은 아이들에게 게임을 하면서 불안한 기분을 잊는다는 이야기를 많이 들어. 그런데 대화를 진행할수록 게임을 해서 더 우울하고 불안해지는 건지, 아니면 우울하고 불안해서 게임을 하는 건지 의문이 들게 된단다. 사람마다 다르겠지만 쌤이 보기에 우울하고, 불안하고, 화가 나서 게임을 시작하다가 이제 게임을 하지 않으면 더 우울해지고, 불안하고, 화가 나는 경우가 대부분인 듯해. 우울해서 게임을 했는데, 그것 때문에 부모님께 혼나서 또 우울해지고, 그래서 게임을 하고. 게임을 하다 보니 숙제를 못했는데, 그러다 보니 친구들보다 뒤처지는 기분이 들고 내 자신이 한심해 보여 짜증이 나고. 그것을 잊기 위해 또 게임을 하는 순환이 반복되는 거지. 마치 연쇄고리와 같아. 나중에는 무엇 때문에 기분이 상하고 우울한지 헷갈릴 정도로 반복이 되는 거야.

중요한 것은 무엇이 우선이었는지를 살펴보는 거야. 물론 부모님이 보기에는 우리가 우울했다는 걸 모르기 때문에 게임을 해서 우울해지고 일상생활에도 영향을 미친다고 생각하시겠지. 하지만 게임 역시 무언가를 잊기 위해 선택했던 대용물이었다는 걸 기억해야 해. 우리가 우울하고 힘들었던 감정에 휩싸였는데, 그것을 해결하기가 힘들어서 일시적으로나마 잊을 수 있는 게임이나 가상세계를 찾게 된 거지. 하지만 마음이 힘들면 그것을 이겨내거나 잊기 위해 무언가를 찾게 되거든. 우리의 감정이 상하고 아픈데 거기에 맞는 약을 찾지 못해서 디지털 세상을 통해서 위로를 받으려고 했던 거야.

쌤이 만난 한 소녀는 아프리카TV에 푹 빠져 있었어. 그 소녀가 고백하기를 어릴 때부터 집에 오면 아무도 없고 자기 혼자 무척 외로웠대. 그 친구의 부모님은 이혼을 하셨고, 엄마는 일하느라 바빠 그 친구가 집에서 홀로 외롭고 힘든 것도 잘 모르셨던 모양이야. 우울하고 외로운데 아무도 자신이 외롭고 힘든 것에 관심을 가져주지 않더래. 그런데 아프리카TV가 친구도 되어 주고 엄마도 되어주었대. 방송을 하면서 사람들이 별 풍선을 날려주고 자기 말에도 일일이 반응하니까 하나도 외롭지가 않았다고 해. 하루 종일 오늘은 무엇을 방송할까 컨셉을 찾느라고 심심한지도 모르겠다고.

그 소녀는 결국 학교에도 가지 않고 방송에만 빠져서 엄마의 손에 이끌려 상담실을 찾아왔지. 소녀는 학교생활을 하고 싶지 않대. 거기서 만날 친구들과 적응할 자신이 없대. 실은 방송 바깥의 사회에서 잘 적응하고 살아갈 자신이 없어졌대. 그저 외로운 마음을 달래고자 아프리카TV를 시작했던 건데, 이제는 현실에 적응할 자신이 없어서 놓기도 어려운 상태가 되었다고 해.

비단 부모님의 이혼과 같은 상황이 아니더라도, 너희가 생활에서 불안하거나 우울을 느끼는 순간들은 무척 많을 거야. 형제와 비교하는 엄마 때문에 자주 주눅이 들고 우울감을 느끼기도 하고, 친구 문제로 인해 소외감을 느끼기도 하고. 아빠 때문에 화가 나서 FPS 종류의 게임을 하며 화풀이를 하던 친구도 있었어. 아빠를 때릴 수 없으니 자판을 통해서 대신 화를 낸 셈이지.

우울과 불안은 같이 올 수도 있고, 불안하다 보니 화를 낼 수도 있어. 부정적인 감정으로 인해 디지털 세상에 빠지게 되는 건 무리도 아니야. 현실에서 내 마음을 보여주고 위로를 받을 수 있는 상황이 사실 쉽게 있지 않거든. 어른들조차 디지털 세상에서 위로를 받기도 하는걸. 다만 한창 자라나는 십 대인 너희의 아프고 힘든 마음을 다독여주지 못한 것이 안타깝고 얼마나 힘들었을까 싶어. 그러나 디지털 세상에서 받는 일시적인 위로 때문에 너희의 생활이 망가지는 것은 결코 좋은 방법이 아니야. 문제를 직시하고 다른 해결 방법을 얼른 찾아야 해.

❷ 현실에서 우울, 불안한 감정들에 어떻게 대처할까?

먼저, 내 마음에 '염증이 생겼구나'라고 깨달아야 해. 짜증을 부리고 소리지르며 화낸다면야 '내가 화났구나'라고 알 수 있겠지만, 내 마음속에 조용히 숨어 있는 감정이 있다면 무엇인지 모를 수도 있어. 우울한 건지, 불안한 건지 모르는 경우가 있을 수도 있지. 내 감정이 어떤지, 무슨 일이 일어나는지 찬찬히 느껴보되 잘 모르겠으면 뒤쪽에 있는 체크리스트를 참조해보렴(111쪽). 각 문항에서 말하는 내용을 보면서 내 감정을 이해하는 데 도움이 될 수 있을 거야.

두 번째로 '부정적인 감정이 문제야'라고 생각하지 말아야 해. 걱정과 불안, 분노를 너무 나쁘게만 생각하지 않았으면 해. 실제로 내 주변에서 일어난 일들로부터 나를 지키기 위한 보호 경보와도 같은 감정이거든. 부당한 일을 당하면 화가 나야 정상이야. 화를 문제로 볼 필요는 없어. 화를 폭발하듯이 내거나 화를 억눌러 스트레스받는 것이 오히려 더 안 좋은 것이지. 우울한 기분도 그래. 우울은 마음에 들지 않는 무언가가 있어 그것을 채우고 싶은 마음의 소리이기도 해. 어쩌면 과거에 어떤 경험으로 인해 유난히 우울해지거나 힘든 감정을 느낄 수도 있어. 그럴 경우 부정적인 감정은 그 과거 경험에 대해 차근히 돌아보는 계기가 되어줄 수 있단다. 다시 말해, 우리 마음에 치유될 부분이 있다는 걸 알려주는 신호인 셈이지.

그리고 때로는 정말 이유 없이 짜증이 난다고 해도, 너무 나쁘게 보지 말아줘. 사춘기에는 그런 감정 기복이 당연한 거니까. 곧 어른이 될 너희들은 미래나 앞날에 대한 불안감을 느끼기 쉽단다. 미래를 위해 잘하고 싶은 마음과 그러지 못하는 현재 내 모습과의 괴리감을 느껴서 우울하거나 짜증이 나기도 하지. 그 부정적인 감정을 잊거나 회피하는 선택보다는 괴리감을 줄이기 위한 실천에 집중하는 것이 더 좋은 방법이 될 거야.

세 번째로 주변 사람들에게 도움의 손길을 내밀었으면 해. 절대 혼자서 참지만 말고, 표현을 하자. 아직 자라고 있는 너희들은 감정을 알아채고 다스리는 기술이 미숙한 것이 당연하기 때문에 어른들이나 주변 사람들에게 도움을 받아야 해. 그것을 스스로 부족하다고 생각하거나 남에게 폐를 끼치는 일이라고 생각하지 말고 내 힘든 마음을 부모님이나 친한 친구에게 이야기해보렴.

만일 엄마가 바깥일로 바빠 집에서 외로움을 느낀다면 엄마에게 '외롭다'는 것을 알려야만 해. 감정의 문제는 누군가의 이해를 받으면 훨씬 더 나아져. 사실 누군가의 이해를 받기 위해서 더 디지털 세상에 빠져들게 되는 거거든. 현실에서도 그런 존재를 찾을 수 있다는 걸 알아야 해. 부모님과의 사이가 서먹해서 힘들다면, 친구에게 이야기를 해보거나, 새로운 친구를 사귀어보는 것도 방법이야.

때로는 이 속상한 마음을 누구에게도 풀어낼 자신이 없을 때도 있어. 친구와도 사이가 서먹하고 부모님과도 대화할 분위기가 아닐 때. 그럴 때는 스스로 편지를 써보자. 중요한 것은 컴퓨터 앞에 앉아서 한글 문서에 쓰는 것이 아니라 반드시 종이에 직접 손편지를 쓰는 거야. 일단 디지털 세상에 들어가면 자신에게 집중하기보다는 다른 콘텐츠에 시선이 돌아갈 확률이 커지니까. 펜을 들고 온전히 내 마음에 집중해서 감정을 종이에다 쏟아붓는 시간을 가져보자. 종이에는 부끄러운 마음이 담길 수도 있고, 어쩌면 스스로 안쓰러워할 만큼 울적한 마음이 담길 수도 있어. 그것들을 일단 글자로 확인하게 되면 그건 내 스스로 자신을 객관적으로 바라보는 시각을 가지게 될 수 있어. '아, 내가 이런 마음 때문에 힘들었구나'를 자각하게 되는 거지. 그리고 이제 어떻게 나를 위로해야 할지 방법을 천천히 생각해볼 여유가 생겨나게 돼. 단지 글을 쓰는 것만으로도 무언가 감정의 실체를 확인하고 해소할 여력이 생기는 거야.

그러나 이 모든 과정을 겪어도 아직 내 마음이 너무 힘들고 미칠 것 같다면, 이건 상담 선생님께 이 감정을 어떻게 다루면 좋을지 도움을 받는 것이 좋단다. 감정을 다룰 구체적인 방법도 배우고, 마음의 상처가 있다면 치유할 방법을 알려주실 거야.

다음에는 스스로를 사랑하고 존중하는 행동을 생활 속에서 하나만이라도 꾸준히 실천해보는 거야. 정말 소소한 것이어도 돼. 여전히 컴퓨터를 하고 게임을 하고 스마트폰을 만지작거리더라도 일상에서 나를 사랑하는 행동 하나만큼은 꼭 실천해보자. 그리고 그것을 꾸준히 늘려 나가면 되는 거야. 나를 위한 선물을 만든다든지, 기분 전환을 위해 산책이나 자전거를 탄다든지, 시간을 내기가 힘들다면 나를 위한 일기나 감사편지를 써봐도 좋아. 무엇이든 일상에 작은 변화를 주고 그것을 실천해 보자.

쌤은 얼마 전에 친한 사람에게 큰 배반을 당해서 무척 힘들었던 적이 있었어. 쌤이 상담전문가이기 때문에 스스로의 마음을 잘 다스릴 수 있다고 생각했지만, 고백하건데 쌤은 많이 아팠단다. 마음이 아프니까 몸도 아파서 여러 가지 어려움이 있기도 했었는데 그것을 인정하기 싫었던 것 같아. 한동안 무기력해져서 창의적이거나 생산적인 일은 하나도 할 수 없겠더라고.

나는 이런 상태를 극복해야겠다고 생각했어. 그래서 내가 상처 받았고, 힘들었음을 인정했지. 다음으로 우울하고, 화가 나서 하루 종일 무기력해져 있는 내 모습을 받아들였어. 그러고 나니 이 상태에서 벗어나야겠다는 마음의 여유가 조금씩 생겨났어. 쌤이 선택한 방법은 불필요한 것들을 버리는 거였어. 무기력해진 상태에서 쌓아두기만 했던 것들을 과감히 정리하고 버리는 시간을 가졌지. 그 다음에는 주말에는 무조건 '나가기'로 했어. 바깥에 나가서 햇볕을 쪼이고 걷기로 했어. 그리고 돌아와서 또 드라마를 보기도 했어. 걸으면서 다양한 감정들이 치솟고 가라앉는 시간들을 보냈지. 나는 지금도 인터넷을 많이 하고 TV도 많이 보지만 전보다 훨씬 달라졌어. 다시 내가 멋지고 괜찮고 좋은 사람이라는 믿음이 생기기 시작했거든. 삶이 재미있고, 또 도전해보고 싶어졌어.

이런 시간을 보내며 쌤은 마음이 힘들어서 디지털 세상에 빠져드는 너희의 심정을 많이 알게 된 것 같아. 우리가 우울하고, 불안하고, 화가 난다는 건 내 삶이 소중하고, 나도 멋지고 좋은 사람이라는 인정을 받고 싶은 소망이 숨겨져 있다는 뜻이야. 그 소망에 상처를 입어서 우울한 거니까. 그걸 이기기 위해서 인터넷, 스마트폰 같은 디지털 세상이라는 가장 편한 방법을 선택하곤 하는데, 쉽기 때문에 그만큼 가벼운 위로밖에는 못 받아. 일시적이라 더 큰 것을 찾게 되지. 그렇기 때문에 내가 진짜 멋진 사람이 되는데 크게 도움이 되지 않거든. 그러니 너를 소중하게 대접하기 위해서 살아 움직이는 진짜 세상으로 시선을 옮겨보자.

우울 체크리스트

※ 지난 일주일 동안 나의 상태에 대해서, 다음 상황들이 얼마나 자주 일어났는지 표시해주세요.

번호	문 항	전혀 그렇지 않다	가끔 그렇다	자주 그렇다	매우 자주 그렇다
1	평소에는 아무렇지도 않던 일들이 괴롭고 귀찮게 느껴졌다.				
2	먹고 싶지 않고, 식욕이 없었다.				
3	어느 누가 도와준다 하더라도 나의 울적한 기분을 떨쳐 버릴 수 없을 것 같았다.				
4	무슨 일을 하든 정신을 집중하기가 힘들었다.				
5	비교적 잘 지내지 못했다.				
6	상당히 우울했다.				
7	모든 일들이 힘들게 느껴졌다.				
8	앞일이 암담하게 느껴졌다.				
9	지금까지의 내 인생은 실패작이라는 생각이 들었다.				
10	적어도 보통 사람들만큼의 능력이 있었다고 생각하지 않는다.				
11	잠을 설쳤다. (잠을 잘 이루지 못했다.)				
12	두려움을 느꼈다.				
13	평소에 비해 말수가 적었다.				
14	세상에 홀로 있는 듯한 외로움을 느꼈다.				
15	큰 불만이 많은 채 생활했다.				

16	사람들이 나에게 차갑게 대하는 것 같았다.				
17	갑자기 울음이 나왔다.				
18	마음이 슬펐다.				
19	사람들이 나를 싫어하는 것 같았다.				
20	도무지 뭘 해나갈 엄두가 나지 않았다.				

채점방법

전혀 그렇지 않다 0점 / 가끔 그렇다 1점 / 자주 그렇다 2점 / 매우 자주 그렇다 3점

21점 이하면 양호 / 25점 이상이면 우울증 의심

_출처 : 정신건강영역 실무자용 아동청소년 정신건강평가 척도집
(서울시 소아청소년 보건센터)

불안 체크리스트

※ 지난 일주일 동안 나의 상태에 대해서, 다음 상황들이 얼마나 자주 일어났는지 표시해주세요.

번호	문 항	전혀 느끼지 않았다	조금 느꼈다	상당히 느꼈다	심하게 느꼈다
1	나는 가끔씩 몸이 저리고 쑤시며 감각이 마비된 느낌을 받는다.				
2	나는 흥분된 느낌을 받는다.				
3	나는 가끔씩 다리가 떨리곤 한다.				
4	나는 편안하게 쉴 수가 없다.				
5	매우 나쁜 일이 일어날 것 같은 두려움을 느낀다.				
6	나는 어지러움(현기증)을 느낀다.				
7	나는 가끔씩 심장이 두근거리고 빨리 뛴다.				
8	나는 침착하지 못하다.				
9	나는 자주 겁을 먹고 무서움을 느낀다.				
10	나는 신경이 과민되어 있다.				
11	나는 가끔씩 숨이 막히고 질식할 것 같다.				
12	나는 자주 손이 떨린다.				
13	나는 안절부절못해한다.				
14	나는 미칠 것 같은 두려움을 느낀다.				
15	나는 가끔씩 숨쉬기가 곤란할 때가 있다.				
16	나는 죽을 것 같은 두려움을 느낀다.				

17	나는 불안한 상태에 있다.				
18	나는 자주 소화가 잘 안 되고 뱃속이 불편하다.				
19	나는 가끔씩 기절할 것 같다.				
20	나는 자주 얼굴이 붉어지곤 한다.				
21	나는 땀을 많이 흘린다.(더위로 인한 경우 제외)				

채점방법

전혀 그렇지 않다 0점 / 가끔 그렇다 1점 / 자주 그렇다 2점 / 매우 자주 그렇다 3점

22~26점 불안 상태 / 27~31점 심한 불안 상태 / 32점 이상 극심한 불안 상태

_출처 : 정신건강영역 실무자용 아동청소년 정신건강평가 척도집
(서울시 소아청소년 보건센터)

친구가 없어서요

(게임 채팅 방)

인기쩜 : 님은 어케 겜을 그리 잘하셈?

블랙홀 : 하다 보니~ (으쓱)

인기쩜 : 전 겜은 사실 잘 못해여. 잼도 없구여.

블랙홀 : 그럼 왜 이 판에 끼어드삼?

인기쩜 : 친구가 없어용. 이거라도 함 친구가 생길까 해서염.

블랙홀 : 글쿤~.

인기쩜 : 블랙홀은 몇 학년이에요?

블랙홀 : 고원! 님은?

인기쩜 : 어~ 저도 고1인데… 반가워요.

블랙홀 : 방가!

인기쩜 : 전 친구가 없어서 말 걸려고 겜 해여. 저랑 친구할래염.

블랙홀 : 쏴리~ 난 겜 시간이 바빠서여.

인기쩜 : 대화하고 그럼 잼있지 않아여? (간절 간절)

블랙홀 : 전 친구 많아서여. 님~보기보다 순진하심ㅋㅋ.

인기쩜 : 님하~ 저 점 도와주세여!! (꾸벅)

블랙홀 : 무얼?

인기쩜 : 친구 사귀려면 겜 잘해야 하는데, 저 좀 갈켜 주삼. (비비적)

블랙홀 : 갈켜 주고 싶은데 지금은 쫌. (꾸벅)

인기쩜 : 아! 글쿤여. 죄송. (꾸벅 꾸벅) 📱

　　오늘도 인기쩜은 게임 속에서 친구를 사귀지 못했어. 인기쩜의 하루는 늘 외롭대. 학교에 갈 때면 늘 혼자라서 주변에 어깨동무를 하고 가는 친구들을 보면 부러워져. 옆구리를 치기도 하며, 욕도 친근하게(?) 주고받는 친구들이 왜 나에게는 없을까. 혼자 고개를 숙이고 걷거나 누군가가 말을 걸어주지 않을까 두리번거려.

이내 다른 사람과 눈이 마주치면 자기도 모르게 고개를 숙이게 된대. 점심시간에는 혼자 앉아서 밥을 먹는데, 때로는 그렇게 혼자 먹는 자신이 너무 비참해서 밥을 먹지 않고 운동장을 나와서 걸어. 아니면 도서관 구석에 처박혀 아무도 오지 않는 그 시간에 책을 만지작거리거나.

학교가 끝나고 집에 갈 때도 인기쩜은 혼자래. 휴대폰을 만지작거리며 괜히 채팅에 열중하는 척 연기를 하면서 간대. 집에 들어와서는 컴퓨터 앞에 앉아서 여기저기 겜방을 기웃거리며 사람들에게 말을 건대. 그리고 또 씹히고… 다른 사람의 블로그에 가서 글을 읽고, 댓글을 달기도 해. 다음 날이면 그 댓글에 답글이 달렸는지 확인해.

쌤이 만난 친구 이야기를 해볼까?

인하(가명)는 14세 소녀야. 초등학교 4학년 때부터 지금까지 왕따를 당하고 있어. 4학년 친구들 중에 한 친구가 선동해서 인하를 괴롭히기 시작하더니 6학년이 될 때까지 왕따를 시킨 거야. 반에서 카톡을 할 때 인하만 밀어낸다든지, 인하를 초청해놓고 모두 방을 나가도록 한다든지, 인하의 말에만 대답을 하지 않도록 친구들을 선동했대. 인하는 항상 이런 식으로 단체 채팅방에서 배제되었기 때문에 숙제가 무언지도 모르고, 준비물이 달라지는 것도

전해 듣지를 못했어. 조별 모임에서도 장소를 모르기 때문에 가지 못하고, 학교 소식을 제대로 알지 못한 적이 한두 번이 아니었다고 해. 아이들의 왕따 행각은 오프라인에서도 나타났어. 인하의 공책을 찢어놓거나 체육복에 김치국물을 일부러 묻혀놓고는 모른 척하는 일도 있었지. 몇몇 애들이 그렇게 행동하니까 반 아이들은 인하에게 무슨 문제가 있는 줄 알고 덩달아 인하를 못살게 굴었대. 인하와 친해지려는 아이들이 한두 명 있었지만, 인하와 친해지면 같이 왕따를 당하기 때문에 선뜻 나서질 못하는 아이들도 많았어.

인하는 지긋지긋한 초등학교 생활을 끝내고 얼른 중학교에 가서 새로 시작하고 싶었어. 하지만 그토록 싫은 애들이 중학교까지 같이 배정되어 같은 반이 되었대. 인하는 학교 가기가 겁이 났지. 그래서 부모님께는 학교에 간다고 해놓고는 PC방을 전전한 적이 많았어. 부모님은 맞벌이라 바쁘시고, 어린 동생이 있어서 인하에게 신경을 쓰지 못한 거야. 한두 번 왕따를 당한다고 말을 했으나 부모님은 처음에만 신경 써주시는 듯하더니 특별한 도움을 주지 못하셨어. 이제 인하는 부모님도 나를 도와주지 못한다고 믿고 있지. 스스로 한심하고 못났다고 생각하고 사람들과 말하려 하지도 않고. 인하의 유일한 친구는 인터넷이야. 모르는 사람들과 열심히 채팅을 하고, 엄마의 카드로 인터넷 쇼핑을 해. 그러다 펜팔 앱에서 한 어른을 만났어. 인하를 향해 달콤한 칭찬을 늘어놓자 인하는 기분이 너무 좋아졌대. 그래서 그 어른이 만나자는 요청에 아무 의심 없이 알겠다고 답을 했지. 다행히 엄마가 이 사실을 알게 되어 인하는 상담실에 와서 쌤을 만나게 된 거야. 만일 엄마가 이 사실을 몰랐다면… 인하가 그 아저씨를 만났다면… 어떻게 되었을까?

인기쩜과 인하의 경우처럼 현상은 디지털 문제(게임 중독, 인터넷 쇼핑, 채팅 문제)로 일어나지만 그 배경에는 친구 문제가 자리한 케이스가 아주 많아. 우리 주변에는 친구를 잘 사귀지 못하는 친구가 의외로 많거든. 인기쩜은 쌤이랑 상담을 하면서 친구가 없어 외로워하는 경우가 나 혼자가 아니라는 것을 알게 되고 안심이 되었대. 그리고 친구 관계를 한번 되짚어보며 친구를 사귀는 방법을 배우고 실천하면서 점차 게임을 균형 있게 하게 되었지. 인하는 따돌림의 경험 때문에 극심한 우울과 불안으로 시달리고 있어서 시간이 더욱 필요했어. 오래전부터 있었던 일이라 왕따를 주도하는 친구를 향한 분노감과 두려움이 컸지. 딱히 이유가 있어서 왕따를 당한 것도 아니었고. 그래서 인하는 자신의 모습을 긍정적으로 보고 나 때문이 아니라는 것을 회복하는 과정을 오래 거쳤어.
만일 너희가 친구를 직접 괴롭히거나 폭력을 행사하지 않아도 누군가의 외로움을 모르는 척하고 있다면 그건 가해 행위나 마찬가지야. 나도 모르게 그 행위에 동조하는 거지. 사실, 가해자보다 말없이 침묵하는 방관자가 더 많고, 그 방관자 중에 한 명이라도 친절할 수 있다면 이렇게 외로움에 힘들어하는 친구들이 훨씬 줄어들 거야. 물론, 용기가 필요하지. 왕따를 당하고 있거나, 말이 없는 친구에게 먼저 다가가는 용기. 그 친구의 서투름을 참아주는 용기. 다른 친구들이 '나를 같이 이상한 존재로 보지는 않을까' 하는 것에 맞서는 용기. 혹시 같이 왕따를 당할 수 있지만 방관하는 친구들에게 협조를 요청할 수 있는 용기. 나의 친구 사귀는 노하우를 전해줄 수 있는 용기 말이야. 물론 용기를 내기는 힘들겠지만, 나 역시 그런 상황이 될 수도 있고, 누군가의 용기가 나에게 어떤 의미가 될지를 생각해본다면 불가능한 일도 아니야. 나로 인해 외로운 누군가가 희망을 얻고, 살아갈 힘을 얻는다면 그야말로 정말 위대한 일을 해낸 거니까.

✏️ 현실에서 친구를 잘 사귀는 기술은 무엇이 있을까?

만일 친구를 사귀고 싶은데 잘 사귀지 못해서 고민이라면, 대인 관계의 기술을 모르기 때문일 수도 있어. 이를 위해 친구 사귀는 몇 가지 노하우를 알려줄게. 다만 대인 관계 기술이란 것이 모두에게 똑같이 적용되는 것은 아니야. 사람마다 관계를 맺어가는 방식이 다르기 때문에 이것을 공식처럼 적용하려고 하지 마렴. 처음에 친구를 사귀는 요령을 통해서 점차 만남을 넓혀나가고 관계를 맺어가다 보면 스스로 더 좋은 방법을 깨우치게 된단다.

눈덩이가 굴러가면서 더 많은 눈덩이를 붙이는 것과 같아. 처음에는 주먹만 한 작은 볼이지만 점차 커지고, 면적이 넓어지면서 더 많은 눈이 붙게 되지. 그러니 처음부터 내가 원하는 친구가 없다고, 친구가 여럿이 생기지 않는다며 포기해서는 안 돼. 그것 때문에 인터넷에 더욱 빠져드는 것은 현실을 회피하는 행동이야. 그럴수록 더욱 외로움만 더해질 뿐이지. 오프라인의 문제는 오프라인에서 풀어야 하는 거야. 자, 그렇다면 대인 관계를 맺어나갈 때 어떤 요령으로 하는 것이 좋을까?

❶ 제일 중요한 것은 나 자신이 당당해지는 것

이것은 친구 관계만이 아닌 다른 어떤 관계를 맺더라도 마찬가지야. 나 자신을 좋아하지 않고, 나 자신이 당당하지 않은 상태에서 맺은 관계는 건강하게 지탱될 수가 없어. 위축되고 열등감을 느끼는 채로 친구 관계를 맺는다면 어느 순간 갈등이 생길 때 적절히 대처할 수 없거든.

혹시 다른 사람이 나를 어떻게 볼까 자꾸 생각하게 된다면 그런 생각을 떨치는 것부터가 시작이야. 친구와 눈이 마주치면 여전히 나는 어색하고, 친구를 잘 못 사귀는 것 같아도 위축되지 말고 고개를 당당히 든 채 이야기하는 연습을 해보렴. 언제 어느 때나 능숙하게 말을 잘할 필요는 없어. 어른들조차 낯을 가리며 서툴게 친구를 사귀는 사람이 많거든. 중요한 것은 진짜 마음을 열고 당당하게 친구를 대하는 거야. 네가 스스로 어깨를 늘어뜨리고 고개를 숙이는 순간, 사람들은 너를 향한 호감이 줄어들게 된다. 그러니 너 스스로 당당한 태도를 지니기 위해 노력하렴. 그리고 장담하건대 네가 고개를 들고, 어깨를 펴고 당당하게 말하는 걸 꾸준히 해나가면 차츰 너 스스로도 그것에 익숙해져. 자연스럽게 당당한 사람이 될 수 있어.

❷ 먼저 인사할 것

친구들이 왜 나한테 말을 거는 사람이 없을까 고민하고 있니? 나하고 말하고 싶지 않은 걸까? 내가 뭘 잘못했을까? 그런 마음에 초조해진다면 상대도 무슨 말을 해야 할지 몰라서 말을 안 하고 있을 수도 있다는 것을 알았으면 좋겠어. 상대방 역시 너하고 이야기하고 싶은데, 무슨 말을 꺼내야 할지 딱히 떠오르지 않는 상태일 수도 있어. 그럴 때는 상대가 나한테 말을 걸어주길 기다리지 말고 내가 먼저 다가서는 것이 어떨까?

할 말이 딱히 떠오르지 않는다면, 밝은 얼굴로 인사를 먼저 하는 거야. 해맑은 얼굴에 마음이 열리는 법이란다. 친구의 이름을 부르며 인사를 하면서 말을 붙여보는 거야. 당장 그 친구와 속 깊은 이야기를 나누지 않아도 돼. 인사를 하고, 날씨 이야기를 하다가, 어제 본 TV 프로그램 이야기를 해도 좋아. 보편적인 이슈로 말을 걸어보면 되는 거야. 말을 걸다 보면 그 친구도 대답을 하면서 자연스럽게 다른 말을 꺼내게 될 거야. 그러면서 점차 어색함을 지워 나가는 거지. 좀 더 가까워졌다면, 그 친구에 대한 것을 잘 관찰해 두었다가 그것에 대해 이야기를 해봐도 좋아. 친구가 다니는 학원은 어떤지, 오늘 컨디션이 안 좋아 보이는데 무슨 일이 있는 건지 등 말이야.

❸ 과도한 추측이나 예상은 하지 말 것

친구 관계에 위축되어 있을 경우에, '상대가 나를 다 알고 있다'고 생각하는 경향이 있어. 절대 그러지 말기를 바랄게. 그 친구가 너에 대해 어떻게 다 알겠니? 네가 무슨 고민이 있는지, 네가 왕따 경험이 있는지 없는지, 혹은 네가 어떤 히스토리를 지니고 있는지 어떻게 알 수 있겠니? 사람들은 생각보다 다른 사람의 일에 별로 관심이 없어. 네가 생각하는 만큼 너에게 신경을 쓰고, 파악하고 있지 않단다. 그러니 그런 생각에 얽매어 위축되지 말고, 더 자유롭게 행동할 수 있었으면 좋겠어.

❹ 뻔뻔하게 무리 속에 섞여 있을 것

외로울수록, 왕따를 당할수록 혼자 있게 되는데, 안타까운 일이지만 현실적으로 그렇게 되면 누군가의 타깃이 되기가 쉬워. 그런 모습 자체가 벌써 친구가 없고 외톨이라는 분위기를 풍기는 거거든. 혼자 있는 것이 나쁜 일은 아니지만, 친구를 좀 더 사귀고 싶다면 다소 뻔뻔할 만큼 무리 속에 섞여 있는 것이 좋아. 괴롭히거나 성향이 공격적인 아이들 말고, 중간 정도 느낌을 갖는 애들, 한두 명이더라도 적대적이지 않은 애들과 함께 행동하렴. 그 친구들과 친밀감을 꼭 교류하지 않더라도 함께하는 것 자체에 의미를 두렴. 시간이 지나면 점차 친밀감이 생겨날 수도 있고, 그렇지 않더라도 홀로 지내지 않기 때문에 소속감이 생기게 될 거야. 하지만 함께하기 위해 절대 셔틀 역할을 하지는 마렴. 괜히 친구를 사귀려고 떡볶이 먹은 값을 다 치러주고, 빵을 사주고 그런 행동은 해서는 안 돼. 다른 친구들과 동등하게 똑같이 내고, 어울려야 한다.

❺ 잘 들어줄 것

말을 잘하지 못하고, 유머 감각이 없고 인기가 없더라도 잘 들어주는 것만으로도 친구 관계를 좋게 유지할 수 있어. 가수들이 무대 위에 올라갔을 때 더 신 나게 공연하게 되는 것은 많은 팬들이 열렬하게 응원하고 지켜봐주기 때문이야. 그래야 더 신이 나거든. 그러니 네가 주도해서 주인공이 될 소질이 없거든, 우선 다른 사람이 너에게 말을 더 많이 하고 싶어지게끔 그 말을 재미있게 들어주렴. 네가 맞장구를 치며 좋아하면 그 친구는 더욱 흥이 날 거야. 그러는 사이에 너라는 친구를 다시 생각하게 되고 좋아하게 될 거란다. 이것은 심리적 전법이야. 그리고 '말을 가장 잘하는 사람은 잘 듣는 사람'이라는 원리이기도 해. 말을 잘하지 못하겠거든 다른 사람이 신 나도록 잘 들어주렴. 고개도 끄덕이며, "어~ 그래서?", "저런~", "어떡하지?" 등등 추임새도 넣어주고. 그럼 넌 별다른 말을 하지 않아도 친구와 함께 어울리며 좋은 관계를 유지할 수 있어. 물론 그러려면 먼저 무리 속에 섞여 있어야겠지.

❻ 관찰할 것

다른 사람들은 어떻게 친구를 사귀어 나가는지를 관찰하는 것도 친구 관계에 도움이 돼. 나한테 어떤 방법이 더 맞는지 대리 경험을 해볼 수 있고. 스스로 잘 모르겠거든 관찰을 통해 배우고 써먹을 수 있는 방법을 찾는 것도 좋아. 반에서 친구 관계가 좋은 아이의 행동이나 말을 살펴보고 그것들 중에서 내가 해볼 수 있는 것들은 적용해봐도 좋아. 물론 나한테 잘 맞는 방법을 택해야 해.

잘 맞지 않는 방법은 사이즈가 맞지 않는 옷처럼 너를 더 어색하게 보여줄 수 있기 때문이야. 참! 관찰을 한다고 해서 그 친구를 뚫어지게 쳐다보라는 이야기가 아니야. 그렇게 쳐다보면 오히려 상대방의 기분을 나쁘게 할 수 있어. 평소 관심을 두고 지내라는 거지 뚫어지게 보라는 이야기는 아니란다.

이런 방법들이 있지만, 진짜 중요한 건 "네 자신을 믿는 것"이야. 이건, 모든 방법의 가장 큰 핵심이야. 쌤이 다른 책에서 말했던 '자존감'이라는 것이지. "어떠한 순간에 있더라도 나는 괜찮은 존재라는 것을 믿는 것." 그것이 용기를 내게끔 하고, 다양한 지혜를 주거든. 힘들고 어렵게 하는 친구들에게 맞설 수 있는 힘을 주거든. 그러니 나 스스로 '괜찮은 사람'이라는 걸 믿자꾸나. 네가 소심해지고 불안해지는 건 친구가 없어서가 아니야. 너 스스로를 믿지 못하니까 불안하고 소심해지는 거지. 그러니 가장 강력한 전법! 자존감을 꼭 지켜내자.

공부를 못해서요

"저는 김민재(가명)라는 이름이 싫어요. 학교에 가면 제 이름을 다 알거든요. 근데 저를 잘 알아서 제 이름을 아는 게 아니에요. 형이 김민호(가명)인데 전교 1~2등을 하다가 서울대에 입학했거든요. 초등학교, 중학교, 고등학교를 전부 형이랑 같은 학교를 다녔는데요. 쌤이고 학생이고 모두 제게 "네가 민호 동생이구나."라고 인사해요. 늘 형이랑 비교되죠. 처음에는 "너도 형을 닮아서 공부를 잘하겠네."라고 하다가 나중에는 "형은 공부를 잘하는데 너는 왜 그러니?"라고 해요. 동생이 형의 영광을 말아먹는다고 말이에요."

(고 2, 남) 🙂

민재는 전교에서 70~80등을 유지하다가 게임을 하기 시작했어. 그러다 어느 순간 400등 이하로 등수가 떨어지면서 아예 공부와는 담을 쌓게 되었지. 부모님은 민재에게 매일같이 "넌 공부 안 하냐"며 압박을 주신대. 학교에서도 "형과는 다르네."라는 얘기를 내내 들었지. 쌤이 민재에게 "전교 70~80등도 못한 거 아니야." 라고 했더니 민재가 "1~2등을 하는 형에 비하면 형편없죠."라고 자신을 비웃듯이 얘기하더라. 주변 사람들이 형과 비교하는 바람에 민재는 마음의 상처를 많이 받은 것 같았어. 70~80등일 때는 형처럼 되어 보려고 노력을 많이 했지만, 아무리 해도 안 될 것 같고 좌절하면서 결국 공부를 안 하고, 게임만 하게 됐어. 이제는 게임에 발목이 묶여서 70등도 유지할 수 없게 되어버린 거야.

민재의 경우만이 아니라, 게임을 하다 보면 생각보다 많은 것을 잃어버리게 돼. 70등에서 좀 더 노력하는 것과 400등에서 노력하는 건 큰 차이잖아. 점차 공부할 내용은 많아지는데, 계속 못 알아듣겠고, 흥미나 동기는 떨어지고… 그러다 게임만 계속하게 되는 거야. 그러는 자신이 더 한심하고 미래는 암울하기만 해. 그때가 되면 아무리 한숨을 쉬어도 답은 보이지 않아. 다시 돌아가려면 예전보다 훨씬 더 많은 에너지를 쏟아야 하니 아예 포기하게 되는 거지.

"저희 반은 30명이에요. 제 성적은 늘 20등 정도에요. 그니까 평균보다 조금 못하는 성적이죠. 우리 집은 그렇게 공부를 잘해야 한다고 강조하는 집은 아니에요. 그래도 남들만큼은 하라는데… 그게 좀 애매해요. 남들만큼이 어느 정도인지가요. 저는 20등이라도 그렇게 못한다는 생각은 안 하거든요. 쌤도 아시겠지만, 성적 1점을 올리기가 얼마나 어려운데요. 근데 엄마는 20점만 더 올리래요. 아니 등수 5등만 올리래요. 그건 진짜 못해요. 그동안 수학 학원만 다녔는데, 이제 영어랑 국어도 다녀야 한대요. 전 그럼 놀 시간이 전혀 없단 말이에요. 엄마는 다른 데 정신 팔지 말고 집에 바로 와서 공부하라고 맨날 잔소리를 하세요. 집에 와서 TV 보면 공부하라고 하고, 공부 좀 해보려고 책상 앞에 앉으면 '공부 안 하고 무슨 생각하냐'고 하고. 공부하려고 했는데 공부하란 말을 들으면 진짜 짜증난다고요." (정재준－가명, 중 2, 남)

재준이는 스마트폰을 손에 달고 살아. 학교에서도 스마트폰을 하다가 걸려서 일주일을 금지당하면 동생 폰을 뺏어서 들고 다녀. 집에서도 밥 먹으면서도 폰, TV를 보면서도 폰, 밤에 잘 때에도 폰을 잡고 자. 스마트폰으로 리니지 게임도 하고, 톡도 하고 인터넷도 하고… 일주일에 3일 정도는 친구들과 PC방에 가서 롤 게임도 해. 그것 때문에 가끔 학원을 땡땡이치거나, 지각하기도 하지. 매일 집에서 "휴대폰 좀 그만해라.", "게임 그만해라." 하면서 엄마와 다투고 있어. 사실 이런 모습은 우리 주변에서 자주 볼 수 있어. 모두 집에서 늘 있는 일이잖아? 재준이의 부모님은 재준이에게 남들만큼만 공부하라고 하시는데 재준이는 왜 그래야 하는지도 잘 모르겠대. 재준이는 나중에 요리사를 할 건데 지금 공부는 해서 뭐하냐고 해.

재준이처럼 공부를 왜 해야 하는지 모르겠다고 이야기하는 친구들이 많아. 그래서 더 공부하기 싫어진다고. 하지만 공부의 목적을 모르겠다고 해서 아예 디지털 세상에만 있어도 되는 건 아니야. 현실에서 공부의 목적을 찾거나, 정말 공부와 내 꿈이 관련이 없다면 내 꿈과 관계된 무언가를 실천해나가는 것이 더 나를 위한 길이야.

그리고 학교 공부는 절대 안 해도 되는 공부가 아니야. 재준이가 나중에 요리사가 되려고 한다면 요리사 자격증 시험을 치러야하겠지. 그러기 위해서는 기본 공부를 해야 해. 요즘 요리 방송 프로그램이 많은데, 요리사들이 그냥 요리만 만들어내는 것이 아니야. 그 요리의 역사와 배경지식을 잘 알아야 하고, 요리기법도 배워야 해. 재료의 특성도 연구해야 하고. 때로는 외국 사람들과 소통해야 돼. 그러려면 외국어 공부도 해두는 것이 좋겠지. 학교에서 배우는 공부는 이런 전문 공부의 기본 바탕이 되어줘. 기본 바탕이 탄탄히 구축되어 있다면 전문 지식을 습득하기에도 훨씬 수월하겠지. 그러니 부모님을 위해서가 아니라, 너 자신을 위해서 공부한다는 자세로 학교 공부를 임했으면 해.

공부 고민은 사실 누구나 하고 있어. 공부를 잘하는 친구도 나름의 고민이 있고, 공부를 못하는 친구도 그만큼의 고민이 있어. 그러니 '나만 힘들어. 나는 절대 못 따라가' 식의 자포자기는 하지 말았으면 좋겠어. 자, 공부 문제로 힘들어서 디지털 세계로 빠져들게 된다면, 공부 때문에 스트레스를 받는다면 다음을 잘 기억해 두었으면 해.

❷ 공부 스트레스를 해소하는 방법은 뭐가 있을까?

❶ 공부 속도는 사람마다 다르다

남들처럼 공부 진도가 빠르게 쑥쑥 나가지 않는다고 좌절하지 마렴. 기본이 잘 구축되면 어느 순간부터 속도가 나게 되어 있어.

그러니 다른 사람과 너를 비교하며 안절부절못하는 시간에 좀 더
내 공부에 집중하는 모습을 보여야 해. 너희는 지금 자라는 중이
거든. 지금 모습에 절대 좌절이나 절망은 금지야. 어떤 사람은 대
기만성형이라 나중에 공부 머리가 트이기도 해. 어떤 사람은 수학
쪽은 영 실력이 늘지 않지만 외국어 공부는 잘 맞기도 하지. 그러
니 공부 속도, 공부의 완성에 대해 너무 조급해하지 말고, 나만의
타임 프레임을 가지고 차근차근 실천해나가자.

❷ 높은 목표 대신 실현 가능한 낮은 목표 설정하기

앞에서도 얘기했는데, 공부를 아주 잘할 필요는 없지만 너 자신
을 위해 공부를 꾸준히 해나가야 해. 그러려면 공부에 흥미를 잃
지 않는 것이 매우 중요해. 그런데 공부를 하면서 계속 좌절감을
맛보거나 실망을 한다면 공부를 꾸준히 하기가 쉽지 않겠지. 공부
를 해나가면서 긍정적인 경험을 맛보는 것은 매우 중요해.

그러기 위해서는 높은 목표 대신에 실현 가능한 낮은 목표를 단
계별로 설정하는 것이 좋아. 부모님의 요구처럼 20점을 한 번에
올리기는 힘들지만, 2점씩 차근차근 올려나가는 것은 가능해. 계
단을 한 번에 열 계단을 올라가기는 힘들지만 두 개, 세 개씩은 올
라갈 수 있잖아. 만일 그것도 힘들다면 한 계단씩이라도 성공을
맛볼 수 있게 목표를 설정해나가자.

비단 시험이 아니더라도 '숙제를 하고 게임을 하기' 같은 목표를 잡아두는 것도 방법이야. 너희가 할 수 있는 선에서 하루의 목표를 정하고 그 일을 충실히 이룬 너에게 선물을 주기 위해서 게임을 하는 건 어때? 매일 십 분씩만 영어 단어를 외우겠다고 결심했으면, 그건 꼭 한 다음에 휴대폰을 만지는 거야. 매일 조금씩 낮은 목표를 정하고, 그것을 성공하자. 그런 너 자신을 아주 많이 칭찬하는 걸 잊지 마렴.

❸ 디지털 세상이 아닌 현실에서의 스트레스 해소를 찾기

공부 문제로 힘들다면 차라리 친구를 만나 답답한 마음을 수다로 풀어내거나, 운동을 해보는 거야. 스트레칭이나 자전거를 타는 등. 디지털 세상의 다양한 콘텐츠는 우리 뇌의 집중력을 흐트러뜨리지만, 현실 세상의 다양한 활동은 우리에게 활기를 선사한다.

지옥 같은
우리 집이 싫어요

"우리 부모님이 늘 싸워요. 별것도 아닌데 서로 자기가 옳다고 우기고요, 싸우면 며칠씩 얘기를 하지 않고 나에게 말을 전달해요. '아빠에게 가서 이렇게 전달해라. 엄마에게 가서 말해라' 이렇게요. 아니 나에게 말할 때 이미 들었을 텐데 왜 굳이 나더러 또 전달하라고 하냐고요. 오빠는 부모님이 싸우면 그냥 방에 들어가서 문 닫고 나오질 않아요. 우리 오빠는 아프리카TV 광팬이거요. 언니는 친구들을 만나서 늦게 들어오고요. 저는 학교에서 왕따를 당하는데도 부모님은 맨날 싸우느라 제가 힘든지도 몰라요."

(중 1 여, 쇼핑 중독 문제로 상담)

"아버지가 술을 자주 드세요. 술을 드시면 집에 와서 소리를 지르고 때로는 물건을 던지고 엄마에게 심한 욕설을 해요. 그러다 조금이라도 눈에 거슬리면 마구 폭력을 휘둘러요."

(중 1 남, 게임 중독 문제로 상담)

"아빠랑 엄마랑 이혼하고 나서, 엄마는 투잡을 뛰세요. 낮에는 마트에서 일하고, 저녁에는 식당에서 일하세요. 집에 돌아오면 피곤해서 그런 건 알지만, 저에게 온갖 신경질은 다 부려요. 그냥 혼내도 되는데 꼭 "지 아빠 닮아서 게으르다.", "지 아빠 닮아서 편식한다." 같은 말을 달고 살아요. 전 그 소리가 진짜 듣기 싫어요. 그래서 친구들이랑 밤늦게까지 PC방에서 놀다가 엄마가 잠들 때쯤 집에 들어가요." (중 3 남, 인터넷 중독 문제로 상담)

"엄마가 동생만 좋아해요. 무슨 잘못이 생기면 내 탓이라고 하고요. 나만 혼내요. 엄마는 나를 째려보는 것 같아요. 무시하고, 비교하고… 동생에게는 따뜻한 밥을 차려주는데 제가 들어가면 밥을 차

135

려주지 않아요. 그냥 "냉장고에 불고기 있다."고만 말씀하세요. 전 뭔가 죄를 지은 기분이 들어요."　　　　(고 1 여, 채팅 중독 문제로 상담)

"형은 저를 맨날 괴롭혀요. 심부름을 다 시키고, 안 하면 소리를 질러요. 누나도 항상 신경질을 내요. 제가 동네북도 아닌데… 지들 기분이 나쁘면 나에게 화풀이하고, 기분 좋으면 뭐 사준다고 했다 가 다시 뺏어가고. 엄마에게 이르면 가만 안 둔다고 협박하고… 열 받아요. 부모님에게 누나랑, 형이 괴롭힌다고 말하면 잠깐 혼내는 척하다 끝나는 것 같아요. 그러다 부모님이 안 계시면 누나랑 형이 절 더 괴롭힌다고요."　　　　(중 2 남, 댓글족 문제로 상담) 📱

상담실에서 뭐가 힘든지에 대해 들을 때, 가장 많이 나오는 이 야기가 가족 이야기야. 다른 집은 서로 아껴주며 화목하게 잘 사 는 것 같은데 우리 집은 왜 맨날 싸우고 힘든 건지. 친구네는 집도 좋고 가족끼리 여행도 잘 다니는데, 우리 부모님은 돈 버느라 바 쁘고 나를 신경 쓰지도 않는 것 같다고 해. 지금도 가족 문제로 고 민하고 있는 너희에게 쌤이 확실하게 이야기할 수 있는 건, 그 화 목해 보이는 집들조차도 문제가 없지는 않다는 거야. 그저 너희를 위로하려는 얘기가 아니야. 겉보기에는 잘 드러나지 않지만 정말 집집마다 문제가 없는 집은 없어. 다들 자기만의 문제를 한두 가지씩 가지고 있지. 그러니 '나 혼자만 이렇게 힘들까', '우리 집은 왜 이러지'란 생각에 사로잡히는 것은 그만두었으면 해.

우리 집이라는 지옥에서 벗어나기 위해 스마트폰을 하고, 컴퓨터를 켜서 디지털 세상으로 들어가버린다는 친구들. 지옥 같은 현실을 잊을 수 있고, 재미난 자극과 콘텐츠들에 빠져들어서 잠시나마 위로를 얻는다면 그것도 다행이다 싶을 거야. 하지만 그 효과가 너무 일시적인데다가 의존하기 쉽다는 것을 알아야만 해. 아직 어린 너희가 가족을 모두 변화시킬 수는 없겠지만, 디지털 세상에 너무 의존하다가는 자신의 생활마저 망가뜨리기도 쉽거든.

✏️ 집에서 벗어나고 싶을 때 어떻게 해야 할까?

❶ 우리 가족만 그런 게 아니다. 지금은 힘든 시기일 뿐이다

가족에게 문제가 있다면, 내가 원하는 관심과 사랑을 받기가 힘들어져. 그래서 외롭고, 때론 거절당한 기분이 들지. 만일 네가 그런 기분이 들고 있다면, 아마 너만 느끼고 있는 것은 아닐 거야. 가족이라는 공동체 안에 있는 모두가 느끼는 감정일 거야. 우리 가족이 살아오면서 항상 행복한 일만 있으면 좋겠지만, 그렇지 않은 일도 생겨. 가족의 생애는 무척이나 길기 때문에 힘들고 어려운 일도 살면서 생기기 마련이야. 그럴 때 그 문제가 버거워지면 가족 내에서 갈등이 일어날 수 있는데, 그 갈등이 쉽게 해결되지 않다 보니 싸움도 생기고, 관계도 나빠지는 거지. 하지만 가족이 다함께 노력한다면 이 갈등도 풀어지고, 관계는 다시 좋아질 수 있어. 다시 말해, 지금은 문제가 닥쳐서 힘든 시기이지만, 모두 함께 해결하려는 노력을 기울인다면 힘든 시기도 지나가고 다시 행복한 시기가 올 거야. 그리고 그때는 힘든 시기를 거치면서 가족 모두가 한층 더 성장한 상태가 되어 있겠지.

사춘기인 너희도 지금 감정적으로 힘들 때이지만, 사실 부모님들도 지금이 힘든 시기란다. 부모 연배의 어른들은 이 시기에 중년의 우울증이 생기기도 하고, 사회적으로 입지가 약해지는 시기라 자존감도 낮아질 수 있거든. 이렇게 심리적으로 힘든 시기일수록 서로에게 가족의 존재는 매우 소중해. 지금은 관계가 소홀해서 잘 실감 못할 수도 있지만, 가족이 있고 없고의 차이는 매우 크단다. 가족이라는 울타리가 있어서 나도 더 힘을 낼 수 있고 험한 일을 견뎌낼 수 있다는 걸 알게 될 거야. 그러니 가족 전체가 지금 어두운 터널을 통과하기 위해 애쓰고 있다는 것을 기억하자.

❷ 가족에게 내 마음을 표현하기

많은 친구들이 가족의 갈등 앞에서 자신의 마음을 표현하는 것을 주저해. 자신의 마음을 표현하는 것은 당연한 일인데, 그것으로 상황을 더 안 좋게 만들지도 모른다는 두려움을 느끼기 때문이야. 그래서 현실에서 말 못한 마음을 사이버 세상에 털어놓거나 더 의존하는 일들이 생겨나지. 하지만 그것은 별로 좋은 방법이 아니란다. 내 마음이 어떤지 제대로 표현하는 것이 현실에서 더 힘을 발휘할 수 있고, 자신을 지키는 길이 되거든.

만일 아빠 엄마가 자주 싸우시고 너에게 말을 전달시킨다면 "아빠 엄마 때문에 내가 힘들고 두 분이 싸우지 않고 행복했으면 좋겠어요."라고 얘기해보렴. 홀로인 엄마가 툭하면 "지 애비 닮았다"고 하면 "마음이 너무 아프다"고 하렴. 부모님이 동생만 좋아한다고 느끼면 그 느낌을 그대로 전달하는 거야. 이것은 대들고 반항하고 싸우라는 게 아니야. 공손하고 부드럽지만 진심을 이야기하는 거야. 이런 말에는 용기가 필요해. 바로 나오지 못할 수도 있고. 한참이 지난 뒤에야 '괜히 그 말을 했던 건 아닐까' 하는 후회가 올 수도 있어. 그래도 괜찮아. 네가 얼마나 힘든지 얘기하는 건 나쁜 게 아니거든. 그리고 그 말을 한다고 해서 상황이 바뀌는 것이 아닐 수도 있어. 그래도 네 마음을 표현한다면 적어도 네 맘이 더 심한 상처를 받지 않도록 할 수 있어. 직접 대면해서 말할 용기가 없다면 카톡으로 이모티콘을 동반해서 표현해도 괜찮아. 문자 메시지도 있고, 이메일도 있고. 손 편지를 예쁘게 써서 부모님께 전하는 것도 좋은 방법이야. 정성을 들이는 네 모습에 감동을 받게 되실 수도 있어.

❸ 가족의 고마운 점을 기억하기

지금 내게 고통을 주는 가족이기는 하지만 그래도 가족이 있어서 고마운 점이 있을 거야. 아무리 생각해도 지금은 고마운 것이 없다면 예전에 가족들이 나에게 해준 일을 떠올려 보렴. 정말, 슬프게도 그런 적이 없다면, 억지로 의미를 부여해서 고마운 점을 만들어 보렴. 가족이란 존재 자체만으로도 고마운 때가 많이 있단다. 그럼 그렇게 우리 집이 밉지만은 않을 거야. 마찬가지로 가족의 좋은 점도 생각해보고 나쁜 점만 있지는 않다고 생각하는 거야.

쌤이 만난 여학생은 부모님이 동생과 차별을 심하게 했어. 그래서 더 악착같이 열심히 공부하게 되었지. 그러다 보니 동생보다 공부를 더 잘하게 되었다는 거야. 만약 그런 오기가 없었다면 공부를 잘 못했을 거라고 이야기했어. 이제 그 친구는 자신의 진로에 대해 당당하게 그려내면서 희망적인 이야기를 더 많이 해. 어떤 친구는 주변에 부모님 없이 할머니만 계시는 친구가 있대. 그 친구를 생각하면 우리 엄마 아빠가 가난해도 내 옆에서 나를 돌보고 있고, 필요할 때 용돈을 주는 것이 고맙다고 하더라. 쌤은 그 이야기를 듣고 감동을 받았어. 같은 상황이어도 불평불만만 늘어놓는 친구도 있지만, 상황을 나에게 이롭게 받아들이려고 노력하는 친구도 있어. 그 모습이 몹시 기특하고 고마워 어쩔 줄을 몰랐던 거지. 가족은 내게 힘이라고 생각하면 한없이 큰 울타리가 되어줘. 그러니 지금은 힘들고 울적한 마음이더라도 가족에게 좋았던 일, 고마운 기억을 항상 기억하도록 해보자.

마지막으로 쌤이 어려움을 버틸 때 힘이 되었으면 하는 마음에 하나만 더 이야기할게. 우리 집에 아무 문제도 없고, 갈등이나 고통이 없다면 금상첨화겠지만 현실은 그렇지 않으니까… 이 어려움을 견디면서 네가 얼마나 큰 보물이 될지 기대하면 좋겠어. 아름다운 자연 진주는 아주 오랫동안 바닷속에서 조개가 품고 있어야만 탄생된단다. 진주는 원래 모래알과 조개에서 분비되는 체액이 합쳐지면서 만들어지거든. 모래 같은 이물질이 조개 안으로 들어오면 아프니까 그걸 보호하기 위해서 체액이 분비되는데, 그게 이물질과 엉기고 커지면서 조개 안에 남게 돼. 그렇게 오랜 시간을 거치면 덩어리는 단단해져서 값으로 매기기 힘든 진주가 되는 거야. 아픔에 잘 대처하고 자신을 보호하면서 영롱한 진주알을 탄생시키는 거지. 이것은 지금의 너희에게도 해당돼. 분명 지금의 어려움이 나중에 강한 저력이 되고, 영롱한 빛과 같은 경험이 되어줄 거야. 지금 우리 집, 가족으로 인한 고통을 잘 이겨내고, 진주알처럼 보물이 될 너의 미래를 기대했으면 좋겠어.

앞날이 깜깜해서요

만일 내가 나중에 커서 무엇을 해야 할지 미리 안다면 얼마나 좋을까. 신이 나에게 콕 찝어서 "너는 이거를 해라."라고 해주면 좋겠어. 그런데 신은 나의 이런 질문에 항상 침묵하는 것 같아. 그게 어찌 보면 다행인 것 같기도 하고. 만약 신이 우리에게 "너는 선생님이 되어라."고 말해주셨는데, 내가 가수가 되고 싶으면 어떻게 하지? 그때는 반항도 못하고 선생님이 되어야 할까? 전지전능한 신에게 이렇게 따지기도 어렵잖아. "왜 나는 선생님이 되어야 하나요? 왜 가수를 하면 안 되죠?"

그래서 미래는 감춰져 있는 것 같아. 아니 어찌 보면 그래서 더 열렸다고도 할 수 있지. 무엇인지 규정되어 있지 않으니까 무엇이든 내가 만들어 갈 수 있잖아. 내가 가수에 도전하면 가수가 될 기회가 생기는 거니까. 내가 흰 도화지에 직접 그림을 그리고, 색깔을 채워갈 수 있는 거야.

쌤은 상담하면서 "꿈이 없어요."라고 말하는 친구들을 많이 만나. 멀리 갈 필요도 없어. 스스로에게 물어보자. 지금 내가 무엇이 되고 싶은지 분명한 꿈을 가지고 있니? 미래에 해야 할 일을 찾지 못하고, 아직도 진로를 결정하지 못한 친구들은 나 말고도 무척이나 많아. 일부 자신의 진로를 명확히 결정짓고 미리부터 준비하고 있는 친구들도 있지만, 그 친구들도 불안함을 느끼고 있어. '내가 정말 그 꿈을 이룰 수 있을까?'란 질문에 자신이 없어서지.

모두가 보이지 않는 미래 때문에 답답해하고 있어. 하지만 미래가 보이지 않는다고 해서 디지털 세상에 빠져드는 것은 좋지 못한 선택이야. 꿈이 없기에 지금 무언가에 매진할 것을 찾지 못하면 디지털 세상에 의존하기가 쉽긴 해. 디지털 세상은 다양한 콘텐츠로 나의 흥미를 불러일으키고, 일시적으로나마 스트레스를 해소해주는 효과가 있거든. 하지만 디지털 세상에서 돌아와 현실을 봤을 때 여전히 미래는 불투명해 보이겠지. 달라진 것은 아무것도 없고 시간만 지나 있으니까. 오히려 불안함은 더욱 커져 있을 거야. 다른 친구들은 벌써 미래를 향해 저만치 앞으로 나아간 것처럼 보이거든.

한 가지 알려주고 싶은 것은 미래는 말 그대로 아직 오지 않은 날이라 언제 어느 때고 불투명하다는 거야. 어른이 되어서도 미래는 항상 알 수 없단다. 삶에는 다양한 사건과 우연들이 생기게 되거든. 너희가 진로를 정해야 하는 시기다 보니 꿈이 아주 큰 과제처럼 느껴지고, 불안감을 더 크게 느끼긴 할 거야. 하지만 그 불투명함을 어떤 친구는 두려움으로 느끼고, 어떤 친구는 가능성으로 느껴. 미래가 정해져 있다면 사실 삶은 전혀 재미가 없을지도 몰라. 미래를 긍정적인 가능성으로 보는 이들은 무엇이 다른 걸까?

그건 바로 자기 자신을 믿는 힘이 있다는 거야. 내가 잘할 수 있을 거라는 믿음이 있다면 무언가 정해져 있지 않아도, 꿈이 막연해 보여도 좌절하지 않거든. 자기 자신을 믿기 위해서는 일단 현실에 충실해야 한단다. 오늘 하루를 잘 보내고, 자신이 맡은 바를 잘 수행해내는 경험들이 차곡차곡 쌓이면 스스로에 대한 믿음이 생겨. 나는 뭐든 잘할 수 있다는 믿음 말이야.

그러니 일단 오늘 하루를 잘 보내는 것부터 시작해보자. 꿈이 정해져 있지 않다고, 무엇을 해야 할지 잘 모르겠다고 너무 좌절 모드로 목표 없이 지낼 필요는 없어. 현실에서 나에게 주어진 지금의 일을 하나씩 해결해 나가며 나는 무엇을 하고 싶고, 어떤 사람인지를 천천히 생각해보자. 그렇게 한다면 미래의 직업까지는 아니더라도, 다음에 할 일들이 하나씩 보이게 될 거야.

✏ 꿈을 찾기 위해서는 어떻게 해야 할까?

진로 고민을 하는 친구들은 일단 직업에 대해 막연함을 가지고 있어. 다양한 직업들 가운데 무엇을 선택해야 할지 모르겠고, 막상 선택하더라도 예상하지 못한 어려움을 발견하면 다시 돌아가서 다른 직업을 선택해야 할 것만 같지. 직업을 많이 찾아보고, 어떤 직업인지를 알아보는 것도 물론 중요해. 하지만 그것보다 더 중요한 것은 바로 '나는 어떤 사람인지'를 알아보는 거야. 나는 무엇을 해야 즐겁고 행복한지, 나는 돈을 얼마나 벌고 싶은지, 나는 하루를 어떻게 보내고 싶은지에 대해 차근차근 생각해보렴.

나의 장점은 무엇인지도 한번 찾아보렴. 공부만이 아니라, 다양한 능력 면에서 말이야. 성격, 외모, 취향과 습관 면에서, 혹은 과거의 경험 면에서도 어떤 것이 장점인지를 알아보렴. 공부를 못해도 미각이 뛰어날 수 있잖아? 그러면 음식 감별사나 요리 쪽에 재능이 있다고도 볼 수 있는 거란다. 그러니 자신에 대한 탐구를 열심히 해보도록 하렴. 그러다 보면 내가 어떤 일을 하면 좋을지에 대한 아이디어도 떠오르게 될 거야.

혹 디지털 세상에 들어가더라도 그저 시간 때우기용으로 웹 서핑을 하지만 말고 적극적으로 세상을 알아보는 쪽으로 활용해보렴. 인터넷은 다양한 콘텐츠와 정보로 가득하기 때문에 내가 원하는 직업 세계에 대해서도 더 자세히 알아볼 수 있을 테니까. 그러나 너무 인터넷으로만 직업 정보를 얻기보다는 직접 발로 뛰어 그 직업에 종사하는 사람을 만나보는 것이 좋아. 가장 중요한 것은 문제를 회피하지 않고 자기 자신을 믿는 것이야. 그 믿음을 바탕으로 행동을 시작한다면 꿈에 대한 고민도 차츰 풀려갈 거야.

✔ 내 꿈은 프로게이머라고요

"쌤, 전 진짜 억울해요. 전 나중에 꼭 게이머가 될 거라고요. 지금 꿈을 위해서 열심히 게임을 하는 거라니까요. 그래야 선수가 되고, 승률을 올릴 거 아니에요. 제가 이번에 시 대회에서 1등을 했으니까 다음번 도 대회에서 나가면 챔피언전에서 1억을 벌 수도 있단 말이에요. 광역대회를 몇 번 뛰고 나서 프로로 입단할 거예요. 쌤, 전 솔직히 학교에 가는 시간도 아까워요. 잠도 안 자고 게임만 하고 싶어요. 두고 보세요. 전 임요한보다 더 멋진 게이머가 될 거라구요."

(최소망 - 가명, 고 2, 남)

쌤은 소망이의 꿈을 응원해. 프로게이머가 되는 꿈을 꼭 이루었으면 좋겠어. 사실 쌤은 소망이처럼 프로게이머를 꿈꾸는 친구들을 자주 보았어. 그런데 대부분의 친구들은 게임이 좋아서 막연히 게이머가 되고 싶다는 생각을 하고 있었지. 공부를 하는 것보다는 게임을 하는 것이 훨씬 더 좋고, 잘할 것 같으니까. 그런 마음으로 게임을 할 뿐, 실상 게이머란 직업에 대한 조사와 탐구는 하지 않는 친구들이 꽤 많았어. 그래서 직업으로서 게이머가 어떤지를 알려주는 과정을 함께했지. 막연한 즐거움이 아닌 현실 속 직업 게이머는 과연 어떨까?

진짜 게이머가 되려면 게임만 잘한다고 되지 않아. 게임은 수도 없이 반복하며 손을 움직이는 게 다인 듯하지만 무척 공부해야 할 것이 많아. 고도의 심리전과 대담한 전술도 짜야 하고 순발력, 판단력도 뛰어나야 하지. 당연히 기술력도 중요해. 오랜 시간을 자지 않아도 집중할 수 있는 끈기와 몰입 능력도 필요해. 치열한 경쟁과 냉혹한 승부의 세계이기 때문에 스트레스 관리 능력도 중요해. 그러려면 체력도 좋아야 해. 게임에서 이기려면 게임만 하는 것이 아니라 운동도 하고 음식도 잘 먹어야 해. 그러니 게이머가 되기 위해서 게임만 한다는 말은 지는 게임을 하겠다는 소리와 같아. 프로게이머들은 정말 자기 관리를 잘하는 사람들이고, 자기 통제력도 뛰어난 사람들이지. 자기 관리를 잘하지 못하고 절제도 못한다면 그냥 게임을 취미로 하는 편이 훨씬 나아. 냉혹한 프로의 세계에서 살아남기가 어려울 테니까.

이토록 여러 난관이 있는 직업 세계이기 때문에 단순히 게임을 좋아하는 마음만 가지고는 큰 어려움을 겪을지도 몰라. 그러니 소망이가 정말 게이머가 되고 싶은 마음에서 꿈을 정한 건지를 반드시 되짚어봐야 한단다. 혹시 게임을 하고 싶은데 부모님께 허락을 받으려면 게이머가 되겠다고 말하는 것이 더 나아서 게임을 직업으로 선택한 것은 아니었는지 말이야. 아니면 게임 외에는 잘하는 게 없다고 생각해서 게이머가 되어야겠다고 한 것은 아니었는지. 만일 이런 이유였다면 자신에게 솔직하지 않은 것이라고 봐야 해. 자신에 대해 더 알 기회가 많고, 더 할 수 있는 일이 많은데도, 찾기 싫어서 혹은 자신이 없어서 미리부터 포기한 것은 아닌지 진지하게 한 번 더 물어봤으면 좋겠어.

만일 정말 원하는 일이라면 좀 더 굳건히 마음을 다지고 꿈을 위해 정진해야 해. 우리가 아는 스타 프로게이머는 정말이지 극소수에 불과하거든. 돈을 충분히 버는 게이머는 1%도 채 되지 않는다고 해. 프로에 입단하더라도 월급이 무척 적어서 기대에 못 미칠 수도 있단다. 무엇보다 경쟁의 세계이기 때문에 극도의 훈련을 견뎌야만 해. 승률이 높지 않으면 마이너로 쫓겨나고 가혹하지만 퇴출되는 일도 있어. 무엇보다 게임이 금방 바뀌어서 다른 새 게임이 출시되면 그 게임으로의 전환이 쉽지 않다는 것이 이 직업의 힘든 점이기도 해. 그래서 선수 수명이 길지 못한 편이지. 이런 이야기는 쌤이 실제 게이머로 활약하다 탈퇴한 이들을 만나 직접 들은 이야기란다. 직업세계에 대해 알아보려면 그 직업에 직접 종사한 사람의 이야기를 직접 듣는 것이 가장 좋은 방법이거든.

✅ 게임 개발자가 되고 싶어서 게임을 하는 거라고요

"전 게임개발자가 되고 싶어요. 게임개발자는 돈을 많이 번대요. 잘만 하면 게임 회사에 스카우트되어서 몇십 억씩 버는 건 금방이래요. 전 게임도 많이 해봤고, 렙업도 많이 해서 수준도 높으니까 게임개발도 잘할 수 있을 것 같아요. 정말 게임에 관심이 많거든요. 그래서 새로 나온 게임을 다 해보고 있어요. 그러느라 하루가 부족할 지경이에요."

(강희찬 – 가명, 중 1, 남) 📱

직업세계에서 게임 개발자의 자질은 어떻게 보면 게임 실력과는 무관하다고 볼 수 있어. 프로게이머와 달리 개발자는 게임을 하는 것이 아니라 만드는 사람이기 때문에 전혀 준비 분야가 다르지. 꿈을 위해서라면 오히려 컴퓨터 앞보다 책상 앞이 더 있어야 할 곳이란다. 쌤이 아는 게임을 연구하는 한 교수님은 게임 개발자야말로 공부를 잘해야 한다고 했거든.

일단 프로그래밍 능력이 있어야만 해. 다른 프로그래밍과 달리 게임 프로그래밍은 수학의 미분, 적분, 확률 부분을 잘해야 하고, 물리 공부도 해야만 해. 그래서 게임 개발자들 책상에는 수학 책과 영어사전이 꽂혀 있다고 해. 모르면 언제든 찾아봐야 하거든. 게임에서 공을 찼을 때 정확히 포물선을 그려서 우리 팀 선수의 발 아래에 떨어지게 하는 모션을 만들 때에도 많은 경우의 수에 맞는 계산 값을 넣어주어야 해.

이 뿐만이 아니야. 주로 게임은 팀을 이루어 만들기 때문에 협업 능력이 매우 중요해. 게임 기획이나 시나리오 작성, 그래픽 작업, 애니메이션과 사운드 등 전반적인 게임 제작 과정을 이해하고 이들과 함께 소통해야 하기 때문에 관계 능력도 매우 중요하지. 그러니 게임 개발자가 되기 위해서는 혼자 컴퓨터 앞에 앉아 내내 게임만 하는 것은 절대 금물이야. 바깥에 나와 다양한 사람과 소통의 경험을 쌓고, 함께해 나가는 경험을 쌓아야 하지.

🖊️ 요즘은 BJ가 대세예요.
　저도 인기 BJ가 되어 스타가 되고 싶어요!

"요즘은 아프리카TV에서 새로운 콘텐츠를 찾기 위해 종일 아프리카TV를 떠돌고는 해요. 다 이유가 있어요. 남들이 안 하는 걸 해야 하니깐요. 새벽 내내 아프리카TV를 보고 학교에 가서도 오늘은 뭘 방송할지 컨셉을 짜요. 학교 수업이 끝나면 재료를 사러 가요. 저녁에는 저도 방송을 찍어야 하니까요. 제가 아는 언니는 아프리카TV에서 별풍선만으로 월 300만 원 이상 벌어요. 저도 방송을 하면 사람들이 많이 찾아오는 편이에요. 유명한 BJ 중에는 저처럼 고등학생 애들도 많아요. 저도 어떨 때는 한 달에 80만 원까지 번 적도 있어요. 고등학생이 하는 것 치고는 꽤 많이 번 편이죠. 근데 재료비가 너무 많이 들어요. 그것 때문에 엄마 몰래 카드를 몇 번 긁었는데… 걸려서, 요즘은 친구에게 돈을 빌려요. 쌤, 저는 아프리카TV로 성공할 거예요. 요즘은 연예인보다 이쪽에서 성공하는 게 더 낫다니까요."

(김소희 – 가명, 고 1, 여) 📱

자신의 꿈을 정확히 알고 그 꿈을 위해 열심히 실행하는 모습을 보고 쌤은 소희가 참 대단하다는 생각이 들어. 가끔 TV를 보면 소희 또래의 연예인 지망생 아이들이 오디션 프로그램에 나오는 것을 보게 된단다. 그 아이들이 얼마나 일찍부터 꿈을 정하고 매진해왔는지를 알면 참 놀랍고도 대단하다는 생각에 감탄하게 돼. 오디션 프로그램에 출연하는 지망생 중 한 명이 인터뷰를 한 것이 쌤은 참 기억에 남아. "이젠 못 돌아가요. 돌아가고 싶어도 이것밖에 할 줄 아는 게 없거든요." 연예인 지망생으로 살아온 것을 후회하지는 않지만, 또래와 교류가 없고, 학교생활을 제대로 하지 못해서 다시 돌아갈 자신이 없기도 하다는 것을 솔직하게 고백한 그 친구가 쌤은 참 안쓰럽기도 했단다.

일찍부터 꿈을 정하고 돈도 벌면 참 좋겠지만, 지금 학교생활을 하며 배우고 누리는 것 역시 소중하다는 것을 소희가 꼭 알았으면 좋겠어. 지금부터 연습하고 준비하는 게 나쁜 것은 아니지만 매일 밤을 새고 학교에 가서는 수업보다는 컨셉 잡기에만 몰두한다면 17살 학생으로 살아가는 즐거움은 전혀 알지 못한 채 자라게 될 거야. 학교에서 배우는 지식은 대학을 위해서만이 아니라 사회생활을 위해서도 필요한 것들인데, 그렇다면 소희는 학생으로서의 배움은 완전히 포기를 한 거니? 게다가 BJ 활동을 위해 돈까지 빌리면서 빚을 진다면… 그렇게 해서 정말 성공한다고 해도 쌤은 걱정스러운 마음이 들어. 얼마나 그것을 오래 유지할 수 있는가? 수

입보다 재료비가 더 든다면 그건 합리적인 지출일까? 부모님 몰래 돈을 꾸어서 충당하는 것이 과연 괜찮을까? 한창 자랄 시기에 밤을 새고 잠이 부족하면 건강은 괜찮을까? 지금 아니면 나중에는 아프리카TV 방송을 할 수 없는 건가? 등의 걱정들.

　빨리 급하게 가는 것보다 천천히 가더라도 탄탄하게, 소희가 행복하고 오랫동안 유지하는 것이 더 중요한 방식일 거야. 이 일을 금방하고 끝낼 것이 아니라 꾸준히 할 거라면 말이야. 그러기 위해서는 소희가 학생으로서 학교생활을 충실히 한 다음에 시작해도 BJ의 꿈은 결코 늦지 않을 거라 생각해. 진짜 방송을 잘하고 싶으면 세상 속의 경험도 많이 쌓아야 하거든. 그래야 더 다양하면서도 나만의 컨셉을 잘 찾을 수 있을 테니까.

　게이머, 개발자, BJ 등 너희의 꿈이 멋지게 실현되는 날이 어서 오기를 쌤도 고대해. 하지만 진짜 성공을 위해서는 기본이 무척이나 중요해. 직업 세계는 무엇 하나만 잘한다고 해서 되는 것이 아니야. 다양한 사람들과 함께 협업을 해야 하고, 경쟁도 거쳐야 하며, 무엇보다 꾸준히 해나가야 하지. 그러기 위해서는 꿈을 이뤄나갈 기초 체력이 굉장히 중요한데, 그 기초 체력을 길러주는 곳이 바로 학교생활이야. 우리는 학교에서 국, 영, 수 같은 과목만 배운다고 생각하지만, 눈에 보이지 않는 많은 능력들을 키우고 배우게 된단다.

함께 소통하는 능력, 리더 경험을 쌓는 것, 작지만 소소한 성취 경험, 필요한 지식을 찾아 배우는 능력, 나를 믿을 수 있는 힘, 무엇보다 '학교'라는 하나의 사회를 직접 경험해볼 수 있어. 그러니 꿈을 위해서 디지털 세상보다는 학교생활에 충실한 모습을 보여주었으면 해. 무엇보다 디지털 세상과 관련된 꿈이지만, 그 꿈을 실천하는 직업 세계는 현실이야. 현실에서의 유능감을 맛보는 것이 너희의 꿈을 이루는 데도 매우 중요해. 그러니 지금은 학교와 세상에 더 관심을 갖고 더 많이 보고, 경험하고 도전해보는 시간을 가져보는 것이 어떨까.

학교에 가기 싫어요

엄마는 오늘도 쌍둥이 아들들과 씨름이다. 이 녀석들이 어제 늦게까지 휴대폰을 들여다보며 폭풍 수다를 떨더니, 결국 아침에 일어나기 힘들다고 하고, 이왕 늦었으니 "엄마! 학교 안 가면 안 돼?" 하며 조르기 시작한다. 얘들이 이제 6학년이다. 저 괴물 같은 휴대폰을 없애든지 해야지, 이런 생활을 앞으로 6년을 더 해야 한다는 게 갑갑하기만 하다.

중학교 2학년 세야(가명)는 아침마다 학교에 가기 싫다고 버틴다. 아버지가 애써 학교까지 태워다주고 출근해야만 학교에 간다. 다행히 회사가 근처에 있지만, 아버지는 세야 때문에 언제나 지각이다. 그렇게 학교까지 데려다줬는데도 몇 시간이 지나면 학교에서 전화가 온다. 세야가 아직도 학교에 오지 않았다는 것이다. 아버지는 휴대폰으로 세야에게 연락해보지만 세야는 전화를 받지 않는다. 아버지는 점심시간에 회사를 나와 학교 근처 PC방을 돈다. 근처 PC방에 세야가 있으면 빨리 붙들어 학교 쌤께 직접 데려다주고, 못 찾으면 그대로 사무실로 복귀하는 수밖에 없다. 그리고 퇴근 후 PC방을 둘러본다. 세야는 아버지를 피해 동네에서 멀리 떨어진 PC방에 간다. 아버지는 귀신같이 그곳에도 찾아온다.

세야네 부모님은 초등학교 1학년 때 이혼하셨다. 세야는 그때부터 게임에 빠져 산다. 세야가 집에 오면 아무도 없어 심심하고 스마트폰으로 게임을 하는 수밖에 없다는 것이다. 그렇게 몇 년을 보내다 보니 지금은 게임이 너무 하고 싶어서 학교마저 가기 싫다고 한다.

쌍둥이는 아침마다 일어나기 힘들다는 이유로 학교에 가기 싫어해. 아침에 일어나기 힘든 이유는 어제 스마트폰으로 톡을 하느라 늦게 잤기 때문이야. 아침에 늦게 일어났는데, 머리도 감고 옷도 골라 입으려면 시간이 부족하거든. 그러느니 그냥 아예 학교를 하루 쉬는 게 더 낫겠다는 생각이 든대.

다행히도 쌍둥이 친구들은 학교가 싫어서 가기 싫어하는 것은 아니었어. 그냥 아침에 몹시 피로감을 느껴서 하루를 일찍 시작하기 싫은 마음이 무척 커진 것이 이유였지. 쌤은 이 친구들을 상담하면서 부모님과도 함께 상담을 했어. 부모님은 아침마다 피곤하다는 이유로 학교에 안 가려는 것을 처음에는 이해하기 힘들어하셨지만, 성향과 기질이 다른 사람들에게는 충분히 그럴 수도 있다는 것을 받아들이셨지. 현실적으로 어떤 대안이 가능한지를 함께 탐색해보기로 했어. 그래서 저녁 10시 전에는 스마트폰을 부모님께 반납하는 가족 규칙을 만들게 되었지. 쌍둥이들이 규칙을 잘 지키기 위해서 엄마도 잔소리를 거의 하지 않기로 약속했어. 아침에 일부러 너무 일찍 깨우지도 않고, 딱 집에서 나서기 20분 전에 깨우는 걸로 합의를 보았지. 머리는 이틀에 한 번씩 감고, 옷은 미리 전날에 준비하고 자기로 했어. 물론 스스로 실행하기 쉽지 않기 때문에 부모님이 실행을 도와주시기로 했어. 습관으로 자리 잡을 때까지 말이야.

세야의 경우는 쌍둥이들과는 좀 달랐어. 세야가 학교에 가기 싫은 이유는 매우 복합적이거든. 세야는 학교에 좀처럼 마음을 붙이지 못했어. 친구들을 잘 사귀지 못하였고, 공부도 따라가기 힘들어했지. 학교 문제가 심각해지자 아빠가 일일이 체크하는 모드로 다가오자 그것도 힘들어 했어. 그러다 보니 PC방으로 자꾸 도망치는 선택을 했던 거지. 그러다 붙잡혀서 학교에 오면 자신을 문제아로 보는 시각이 힘들어 또 학교에 가기 싫어지고. 문제는 점점 더 안 좋아졌던 거지.

쌤이 이야기해보니 세야는 오랜 기간 외롭고 우울했는데, 세야도, 아버지도 얼마나 우울했는지 모르고 있었어. 마음에 빈 공간이 언제부터 생겼던 건지 상담을 통해서 알아보는 과정을 가졌고, 아버지의 참여도 이루어졌지. 세야에게는 자신의 마음을 지지해주는 관계가 필요했던 거였어. 학교생활을 할 수 있는 마음의 힘이 생길 때까지 쌤과 함께 상담하는 시간을 가졌어.

❷ 우리가 학교에 가기 싫은 백만 가지 이유

아침에 눈을 뜨면 학교에 가야 한다는 생각에 한숨부터 나온 적이 아마 있을 거야. 너희만이 아니라 많은 청소년들이 그러거든. 학교에 가기 싫어서 어쩔 줄 모르겠다는 생각이 든대. 그 사연들이 저마다 달라. 쌤이 만난 중학교 1학년 친구는 학교에서 애들이 놀려서 열이 받았어. 그래서 학교에 가기가 싫대. 그냥 집에서 게임이나 했으면 좋겠다고 하더라. A라는 친구는 학교가 재미없고 지루하대. B는 별다른 이유가 있다기보다는 무척 친한 친구들이

PC방에 늘 간대. 그러면서 B한테도 같이 가자고 하니까 덩달아 수업시간에 자꾸 도망을 나온다고 해. C는 숙제를 안 했는데 학교 샘에게 혼날까 봐. D는 무서운 애들에게 돈을 뺏긴 적이 있는데 또 뺏길까 봐. E는 친구와 말다툼을 했는데, 그 애의 얼굴이 보기 싫어서. F는 공부가 진짜진짜 하기 싫어서. G는 남친과 사귀다 헤어졌는데, 학교에 가서 남친이랑 마주치기가 싫대. H는 친구가 없어서…….

이유는 정말 너무 다양하고 많아. 그런데 그 이유를 다 대면서 학교에 가지 않고는 무엇을 할까? 학교에 가지 않는 대신 자기만의 알찬 하루를 보낼까? 시간은 금이라고 하는데, 무척이나 귀중한 시간을 과연 내가 원하는 대로 행복하게 보낼까?

앞서 이야기한 친구들은 모두 집에서 스마트폰이나 컴퓨터를 하거나, PC방에서 하루 종일 시간을 때우면서 보냈단다. 모두 인터넷하고 친구하느라 다른 것을 하지 않으려고 했지. 쌤은 그 점이 참 안타까웠어. 학교에 가지 않는 대안이 정말 디지털 세상밖에 없다는 것이 속상하기도 했단다. 적어도 학교에 가지 않으려면 내가 어떤 사람으로 살아갈 것인지에 대한 고민을 해보았으면 해. 우리가 학교에서 공부만 배우고 있다고 생각하지만, 학교에서는 수많은 사회 기술과 관계, 그리고 나 자신을 성찰해볼 수 있는 수많은 자극들을 받게 되거든. 그런 것들을 위해서라도 학교는 우리가 끝까지 마쳐야 할 장(場)이야.

쌤은 군대에서 군인을 대상으로 상담을 했었단다. 많은 형들이 학교를 중도에 포기하고 알바를 하다가, 혹은 비행을 저지르다, 가출을 하다가 입대를 했어. 그 형들은 다시 과거로 돌아갈 수만 있다면 다르게 삶을 살고 싶다고 토로해. 학교를 제때 가지 않아서 몇 년 후에 검정고시를 보아야 하는데 그것을 준비하는 것도 무척이나 힘들었대. 학교에서 배운 지식이 별로 없어서 그 부분이 콤플렉스로 작용하는 일도 많았다나 봐. 남에게 무시당하고 서빙이나 일명, 노가다 알바를 하면서 힘들게 돈을 벌었어. PC방에서 게임을 하다 그것도 지겨워지면 밤늦게 거리를 배회하고, 술을 마시며 방탕한 생활을 했대. 그렇게밖에 하지 못하는 자신이 한심해서 누군가와 싸우고, 이런 자신의 과거를 지우고 싶다고 고백했어.

그 형들의 이야기를 들어보면, 학교에 다닐 때는 학교가 자신을 옭아매는 틀이라고 생각되었지만, 막상 학교를 나오고 나니 학교가 아직 미성년자인 자신을 얼마나 소중하게 지켜준 장이었는지를 깨닫게 된다고 해. 지금은 당연하게 가야 하는 곳이라고 생각하는 학교지만, 학교를 벗어나면 학교에 다시 가고, 교복을 입는 것이 얼마나 감사한 일이었는지 새삼 느끼게 된대.

물론 학교를 벗어나서도 자신의 길을 잘 찾아나가는 친구들도 있어. 그 친구들의 경우, 자기 자신에 대한 탐색을 끊임없이 해오며, 목표도 아주 명확하단다. 하고 싶은 일을 찾아서 이것저것 시도해보다 학교 밖에서 가능성을 발견하고는 거기에 더욱 매진하는 친구들인 것이지. 하지만, 그러기 위해서는 자기관리 능력이 매우 출중해야 해. 자신의 길을 걷다가 부딪치는 많은 좌절에도 무릎 꿇지 않을 배짱과 열정도 필요하지. 아침에 일어나기 싫어서 학교에 가기 싫다고 하는 마음가짐이라면 이런 경우에는 해당되지 않을 거야. 막연히 공부가 싫고 게임을 하고 싶다는 마음이라면 더더욱 그럴 것이고.

만일 지금 학교생활에서 문제를 겪고 있어서 가기가 싫다면, 그래서 막연하게 디지털 세상에 빠져 지내고 싶다면 그것은 학교를 벗어난다고 해결되는 것은 아니라는 걸 이야기해주고 싶어. 친구 문제이든, 공부 문제이든, 학교에서 벗어나도 그와 비슷한 삶의 과정은 항상 다가오게 되어 있단다. 지금 이 순간에 나와 관련된 문제를 회피하지 않고 해결하려는 자세가 매우 중요해. 그래야 나중에 사회에 나가서도 그와 비슷한 상황이 닥쳤을 때 슬기롭게 해결해나갈 수 있거든. 지금의 문제로 인해, 학교라는 너의 든든한 빽을 절대 포기하지 않았으면 해.

부모님이
나를 너무 압박해요

"우리 집은 의사 가족이에요. 아빠는 유명한 성형외과 의사고, 엄마는 치과 의사에요. 큰 아버지도, 큰 엄마도 의사세요. 사촌 오빠들도 모두 의과대를 진학했어요. 그래서 저도 압박을 많이 받아요. 저는 솔직히 의사에는 관심 없어요. 그냥 대학이라도 들어갈 수 있으면 좋겠어요. 어릴 때부터 의사가 되어야 한다는 압박을 많이 받아서 지치고 힘들어요. 전 그럴 감이 아닌데, 늘 무엇만 하면 "그

렇게 하면 어디 의사가 될 수 있겠니?"라고 하세요. 저는 반에서 5
등 정도 해요. 제가 명문 사립고 들어가야 하는데, 내신이 그게 뭐
냐고 그 성적 갖고는 못 들어간다며 집안이 모두 난리세요. 가족 모
두가 저만 들들 볶는 것 같아요. 저는 사실 더 잘하고 싶은 욕심도
없어요. 그냥 대학에 들어가서 자유롭게 여행을 다니고 싶고, 하고
싶은 일을 하고 싶어요."   (이정안 – 가명, 중 3, 여) 😊

정안이는 우울했어. 속으로는 우울하고 힘이 없지만 겉으로는
아무렇지 않은 척하고 밥도 잘 먹고 학교도 잘 다니고 친구와도
잘 지냈지. 아무도 정안이가 정말 힘들어하는지 몰랐어. 정안이는
힘든 마음을 채팅형 게임을 하면서 풀어내고 있었거든. 정안이는
SNS와 채팅 게임에 많은 시간을 할애하고 있었어. 그러면서도 성
적을 유지하기 위해서 애를 많이 썼더라. 누군가 정안이가 그렇게
애쓰고 있다는 걸 좀 알아봐주었더라면 좋았을 텐데.

정안이는 밤 12시까지 부모님이 원하는 대로 학원에도 가고 공
부도 했어. 부모님의 잔소리를 듣기가 너무 싫었으니까. 부모님이
잠든 새벽 내내 스마트폰으로 채팅형 게임을 하거나 SNS를 하면
서 새벽 4시가 넘어서야 잠이 들고 6시에 일어났어. 하루 2시간도
못 잘 경우가 많았어. 그러다 보니 학교생활에도 무리가 오기 시
작했지. 점심시간에는 잠을 자느라 우유만 먹고, 정안이의 건강도

체력도 차츰 떨어져갔어. 내내 힘이 없어 양호실에 가 있는 날도 부쩍 늘어났어.

정안이는 어릴 때부터 총명하고, 영재라는 소리를 들었어도 칭찬과 인정을 받은 경험이 별로 없어. 가족들이 "더 잘해야 한다"고 당부해서 늘 기대에 미치지 못하는 대우를 받았지. 쌤이 정안이에게 물었어. "디지털 세상에서 네가 얻는 만족은 무엇이니?" 정안이는 "식구들이 모두 의사라 나는 집에서 부적절한 존재 같아요. 그런데 디지털 세상에 가면 나를 환영해줘요. 내 말도 잘 들어주고. 고민도 들어줘요."라고 하더라.

부모님의 인정을 받기 위해 애쓰는 정안이가 무척 안쓰러웠어. 그러나 이렇게 이중생활을 하듯이 현실과 디지털 생활에서 철저히 다르게 사는 것은 양쪽 세계에서의 '내 모습'의 갭을 키우는 행동이기 때문에 정안이 자신에게 좋지 않아. 통합적인 '나'로 온라인과 오프라인의 적절한 균형을 잡고 살아가야 하는데, 정안이의 경우 오프라인에서는 자신의 마음을 드러내고 기댈 곳이 하나도 없는 상황이었지. 쌤은 상담을 하면서 자신의 속마음, 자신의 있는 그대로의 모습으로 오프라인에서도 생활하기를 권했어. 부모님께도 정안이의 모습을 있는 그대로 인정해주는 것이 매우 중요하다고 당부했지. 정안이의 '있는 그대로의 나'를 존중받고, 공감을 받게 된다면, 디지털 세계에 있느라 잠도 자지 못하는 생활을 이어가지 않게 될 거야.

　"샘! 우리 엄마의 잔소리는 정말~~ 심해요. 어디 한 번 우리 엄마랑 살아보셔야 해요. 엄마는 제가 아침에 5분만 늦게 준비해도 뭐라고 해요. 집에 들어오기 전까지 문자 10통 이상은 기본이고요. 늘 문자 내용은 "집에 일찍 들어와라.", "다른 데 새지 말고 바로 집에 와라.", "몇 시에 들어올 거니?", "오고 있니?", "친구들 만나지 말고 바로 와라." 맨날 똑같아요. 그러니 그 문자에 일일이 답하고 싶겠어요. 답을 안 하면, 왜 답을 하지 않냐고 문자를 보내요. 집에 오면 꼭 밥을 먹고 방에 들어가라고 하고요. 엄마는 제가 커서 훌륭한 사람이 되어야만 장손으로서의 책임을 다 하는 거래요. 전 엄마의 그 레퍼토리가 숨이 막혀요. 밤에도 좀 자려고 하면 "벌써 눕냐?"고 하시고요. 아니 제가 로봇도 아니고 숨이 막혀 죽겠어요."

(박진성 – 가명, 고 1, 남) 📱

　진성이는 공부하는 척하면서 엄마 몰래 야동을 보고, 또 공부하는 척하면서 게임을 하곤 했어. 인터넷 강의를 듣는 척하다 재빨리 피파를 하고, 또 웹툰을 보기도 했어. 그러다 엄마한테 들키기라도 하면 엄청난 잔소리에 시달려야 했대. 엄마는 엄마대로 진성이가 자꾸 거짓말을 해서 속을 끓었다고 해. 도서관에 간다고 해놓고서는 친구네 집에 가서 게임을 한 적도 많고, 학원에 간다고 해놓고서는 안 가고 PC방에 간 적도 여러 번이래.

진성이도 진성이의 엄마도 모두 스트레스가 많은 상태였어. 짜증이 나기 십상이고 사는 게 지겹다는 말도 입버릇처럼 했어. 진성이는 자신이 잘되어야지만 집안이 잘되는 거라는 엄마의 압박이 너무 부담스러웠대. 그래서 더 공부하기가 싫었다고 해. 나중에는 진짜 집에서 도망치고 싶어서 자꾸 인터넷에 들어가기 일쑤였지.

진성이도 부모님과 함께 상담을 받았어. 진성이가 원하는 것이 무엇이고, 아빠 엄마가 바라는 것이 무엇인지 진지하게 이야기해 보는 시간을 가졌지. 엄마와의 사이가 좋지 않아서 진성이는 자신의 마음을 솔직하게 이야기하는 것에 무척 거부감을 나타냈지만, 대화를 거듭 시도해나갈수록 점차 마음을 열 수 있었어. 사실 진성이의 마음에도 부모님이 자신의 이야기를 잘 들어주었으면 하는 바람이 있었거든. 부모님도 자신의 일방적인 기대를 인정하는 과정을 거치셨어. 그런 다음 부모님은 진성이에 대한 과도한 기대를 조금 낮추었고, 무엇보다 엄마가 아침부터 밤늦게까지 진성이에게 잔소리를 하며 일거수일투족을 감시하는 듯한 행동을 고치기 시작했어. 그 변화로 진성이도 노력하는 모습을 보이기 시작했어. 학교생활과 학원에 가는 것도 성실하게 하기로 약속했지.

✏️ 부모님과의 관계가 너무 힘들고 압박이 심할 때 어떻게 해야 할까?

❶ 자신의 영역에 대해 스스로 설정하기

부모님의 기대와 압박이 너무 힘들고 그로 인해 갈등이 심하고 스트레스가 몹시 크다면 스스로 자신의 영역에 대해 설정할 수 있어야 해. 부모님의 기대 가운데에서 무엇이 되는 거고, 무엇이 안 되는 건지를 정해나가자. 되는 것이면 왜 내가 가능한 건지, 안 되는 것이면 왜 내가 불가능한 건지 스스로에게 질문해가며 답을 찾는 과정을 거쳐보자. 그 과정에서 내가 어떤 사람인지, 어떤 진로를 가지고 싶은지를 확인해볼 수 있을 거야. 부모님의 기대를 저버리고 싶지 않더라도, 가장 중요한 것은 나 자신이야. 내가 무너질 것 같다면 아닌 것은 아닌 걸로 정직하게 받아들이는 것이 필요하단다. 그렇다고 해서 부모님의 기대에 미치지 못해서 스스로 못나다고 생각하지는 않아야 해. 나에게는 부모님의 기대와는 다른 장점과 하고 싶은 것이 있을 뿐이니까.

이러한 자신의 영역을 파악했다면 이것을 부모님께도 솔직하게 말씀드려야 해. 부모님이 네 맘을 몰라주고, 네 말을 이해하지 못할 수도 있어. 그렇더라도 진솔하고, 정성스럽게 말씀을 드려야 해. 부모님이 어떤 면에서 너를 그렇게 평가하고, 너에 대해 기대하고 있는지도 들어보렴. 그것이 내가 할 수 있는 범위를 넘어선다고 본다면 그에 대해서 왜 어려운지를 이야기해보도록 하자. 아무리 부모님의 생각이 유망하더라도 그것을 실행하고, 그 삶을 살아가는 것은 너라는 것을 잊지 마렴.

내 스스로 자신의 영역을 정할 때, 한계에 대해서도 생각해보게 될 거야. 그런데 압박과 부담으로 심신이 지친 나머지 자신의 한계를 너무 얕게 설정하는 것은 아닌지도 되짚어보렴. 한계는 어렵지만 있는 힘을 다하면 한 번 정도 더 갈 수 있는 선이어야 해. 너무 쉬운 한계는 스스로를 작은 존재로 볼 수 있게 하거든. 내가 얼마나 최선을 다할 수 있는지 스스로 고민하고 좀 더 나아간 한계를 설정해보렴.

❷ 압박을 나에게 이로운 긴장으로 삼기

부모님의 압박으로 아무것도 못할 지경이라면 여기에 해당하는 사항은 아니야. 하지만 압박으로 인한 스트레스가 쌓이고 있고, 부모님과의 갈등이 있지만 그것이 극심한 상황은 아니라면 이렇게 생각해보는 것도 도움이 돼. '이것은 나에게 적절히 필요한 거야'라고. 실제로 수많은 발전은 적절한 압박과 긴장이 있어야 이뤄지거든. 긴장이 너무 없다면 좋은 결과를 내기가 힘들어. 올림픽에서 선수들이 금메달을 따기 위해서 국민들의 수많은 응원과 부담을 온몸으로 느끼면서 훈련에 임하게 돼. 만약 그 응원이 아무 부담이 되지 않고, 꼭 금메달을 따야 된다는 생각이 없다면 그렇게 피땀을 흘리며 노력하지 않아도 되겠지. 부모님의 압박을 나에게 이로운 긴장감으로 삼도록 마음먹는 것이 어떨까? 생각을 바꾸어서 감정을 조절하고 감정 문제를 해결하는 것은 심리치료의 한 기법이기도 해. 다만 이 경우, 부모님의 기대와 나의 기대가 일치해야 하겠지. 부모님의 압박을 나쁜 것이 아니라 너를 더 멋지게 만들어주는 것이라고 여길 수도 있는 거야.

❸ 스스로 가능성의 증거를 찾아보기

어떤 친구가 그런 말을 하더구나. "부모님의 잔소리가 너무 심해서 가출하고 싶지만, 집 나가면 개고생이라 끝까지 집에 남아 버티기로 했다"고. 그러면서 부모님의 도움으로 자신이 하고 싶은 것을 얻어내야겠다고 생각했대. 그 친구는 실은 음악을 하고 싶어 했는데, 아버지는 음악 같은 예능을 하지 말고 공부나 열심히 하라며 완강히 반대하셨지. 그 친구는 그런 아버지를 설득할 방법을 찾기도 했어. 무작정 말로만 '스마트폰을 줄이겠다'고 하지 않

고, 어떻게 스마트폰을 줄일지, 게임을 얼마나 할지, 하루 공부량
은 얼마나 할지에 대한 계획서를 작성해서 보여드렸어. 아버지는
그것을 잘 지키면 용돈을 올려주시기로 약속하셨대. 계획서의 내
용은 매우 타이트했지만, 그 친구는 아버지에게 믿음을 받고 싶은
마음이 컸어. 그래서 눈물겨운 노력으로 그 약속을 한 달 동안 실
천했고, 아버지가 용돈을 올려주셨지. 용돈이 늘어난 것을 아끼고
아껴 그 친구는 음악학원에 등록을 했대. 아버지는 이번에는 무조
건 반대하지는 않으셨대. 자신의 목표를 위해 성실히 사는 모습을
보여주자 아버지의 믿음이 더 커졌던 거지.

이 이야기는 무척 잘 해결된 한 케이스일 수도 있어. 하지만, 쌤
은 이 친구의 이야기에서 자신이 원하는 것을 얻기 위해 스스로
가능성을 보이려고 노력한 부분에 대해서는 꽤 중요한 실천이라
고 생각해. 이것은 부모와의 갈등만이 아닌, 모든 관계에서 좋은
결과를 가져올 수 있거든. 무작정 나를 믿어주지 않고, 이해해주
지 않는다는 말만 하기보다는 훨씬 좋은 변화를 가져올 거란다.

❹ 전문가의 도움 받기

도무지 부모님과 소통할 여력이 없고, 압박감으로 우울하고, 삶
이 싫고 집을 나가고 싶다면, 너무 어렵게 생각하지 않고 전문가
의 도움을 받았으면 좋겠어. 누구보다 빨리 너 스스로 "내가 힘들

구나."라는 것을 인정하고 주저하지 말고 상담 선생님을 찾는 용기를 발휘했으면 좋겠어. 아마도 네가 어떻게 하면 지금의 힘든 시간을 이길 수 있을지를 도와주실 수 있을 거야. 너의 지친 마음을 충분히 위로해주실 거고, 앞으로 나갈 수 있도록 최대한 도와주실 거란다. 훌륭한 선수 옆에 좋은 코치가 있는 것처럼.

야무진 십 대들의
똑 소리 나는
온오프(on-off)
생활 밸런스 잡기

행복한
십 대를 위한
디지털 라이프
길잡이

chapter 4

나는 지금 디지털 생활을
어느 정도 하고 있을까?
—중독 진단 해보기—

"어제 엄마와 또 대판 했어요. 저는 게임 중독이 아니라고 하고, 엄마는 제가 중증 중독환자라고 해요. 좀만 게임해도 중독이라고 하는 통에 미칠 것 같아요. 쌤! 진짜 제가 중독일까요? 어떤 사람이 중독인 건지 알려주시면 제가 중독에 걸리지 않도록 저도 조심할 수 있을 것 같아요. 그리고 진짜 억울해요. 엄마에게 저만큼 게임하는 것은 중독이 아니라고 대신 말씀해주시면 안 될까요? 답장 기다

릴게요.”

　게임짱님은 지금 엄마와 싸우고 싶지 않은데 게임 때문에 매일 싸우게 되어 마음이 무척 속상한 상태인 것 같아. 게임짱님과 같은 친구들이 무척 많을 거야. 나는 적당히 게임을 하는 것 같은데 엄마는 중독이라고 봐서 억울하고 힘든 친구들이 쌤에게 사이버 상담을 요청하는 일이 많거든. 친구들은 정말 억울해하면서도 한편으로는 자신이 정말 중독인지 궁금해 해. 게임짱님처럼 게임 중독, 인터넷 중독, 스마트폰 중독에 대한 기준이 어떤 것이지 잘 모르기 때문이야.

　내 얼굴에 무엇이 묻어 있는지 거울을 보지 않으면 모르는 것처럼, 인터넷 중독인지도 스스로 확인해보지 않으면 잘 모를 수도 있어. 왜냐하면 나는 재미있게 그 일에 빠져 있기 때문에 그 심각성을 실감하지 못하고 있어서 객관적으로 보기 어려울 수도 있거든. 그것을 위해 거울이 필요해. 중독인지 여부를 체크해줄 거울 말이야. 자, 그럼 자신에 대해서 객관적으로 살펴볼 수 있는 중독에 대한 일반적인 기준에 대해 이야기해줄게. 그 기준을 보고 자신이 얼마나 게임을 하는지 점검해볼 수 있을 거야.

인터넷(스마트폰) 중독 단계	
단 계	증 상
고위험	인터넷(스마트폰) 중독 성향이 매우 높으므로 전문적인 도움이 필요하다. **1. 인터넷(스마트폰) 사용으로 인하여 일상생활에서 심각한 장애를 보인다.** 예) 약속을 자주 어긴다. 친구를 만나는 것이 귀찮아진다. 학원을 자주 빼먹는다. 늦게 자고 늦게 일어난다. 수면 시간이 줄어든다. 운동하는 시간도 아까워진다. 밥을 제때 먹지 않는다. 숙제를 해가지 않는다. 등 **2. 내성이 나타난다.** 인터넷(스마트폰)을 많이 하고 있는데도 얼마 하지 않았다고 생각하고, 계속 시간이 부족하다는 생각이 든다. **3. 금단 현상이 나타난다.** 인터넷(스마트폰)을 못하게 하면 불안하고 화가 난다. 자꾸 못하게 하는 부모님이나 사람들이 미워지고 심하면 때리고 싶은 마음이 들기도 한다. **4. 기타 증세** 1) 대부분의 대인관계는 사이버 공간에서 이뤄진다. 2) 해킹 등 비도덕적 행위를 하게 된다. 3) 가능하지 않은 막연한 기대를 하게 되고 일상생활에서도 인터넷에 접속한 것 같은 착각이 든다. 4) 스스로 인터넷(스마트폰) 중독이라고 느끼며, 학업에 어려움을 느낀다. 5) 심리적으로 불안정하고 대인을 기피하게 된다. 우울한 기분이 오래가며 충동성이 높아진다. 6) 현실 세계에서도 인터넷(스마트폰)으로 인해 대인관계에 문제를 겪거나 심한 외로움을 느낀다.

잠재 위험	인터넷(스마트폰) 과다 사용의 위험을 깨닫고 스스로 조절하고 계획적으로 사용하려는 노력이 필요하다. 1. 고위험보다 일상생활의 어려움이 낮게 보인다. 2. 인터넷(스마트폰) 사용 시간을 늘리려는 집착을 보인다. 3. 학업의 어려움이 나타날 수 있다. 4. 심리적으로 불안하지만 학생 자신은 문제가 없다고 생각할 수 있다. 5. 지속적으로 계획적이지 않게 되며, 자기 조절에 어려움을 보인다. 6. 자신감이 낮은 모습을 자주 보인다.
일반 사용	인터넷(스마트폰)의 건전한 활용을 지속적으로 실천한다. 1. 일상생활 장애가 별로 없으며 균형을 잘 이룬다. 2. 심리적으로 안정적이며, 성격적으로도 특이한 문제를 보이지 않는다. 3. 자기 행동을 잘 관리한다고 생각한다. 4. 주변사람들과의 관계도 원활하며, 잘 소통한다.

※ 한국정보화진흥원 인터넷 중독의 해석 요약

위의 기준에서 내가 일반 사용군에 들어간다고 생각한다면 중독은 아니야. 혹시 잠재 위험군이라고 생각한다면, 아직은 중독이 아니지만 인터넷, 스마트폰 과다 사용으로 우려가 되고 곧 중독으로 바뀔 가능성이 있다는 것을 기억해야 해. 나중에 더 큰 후회를 하기 전에 미리 균형 잡힌 사용을 위해 노력하는 것이 필요한 상황이지.

참, 한국정보화진흥원의 인터넷 중독 척도에서는 사용 시간을 중요한 기준으로 보고 있어. 중·고생의 경우 1일 약 4시간 이상, 초등생 약 3시간 이상 인터넷을 사용한다면 고위험의 기준에 들어갈 수 있단다. 잠재 위험군은 중·고생은 1일 약 3시간 정도, 초등생은 2시간 정도의 접속시간을 보여. 일반 사용자는 중·고생의 경우 1일 약 2시간, 초등생 약 1시간 정도로 인터넷을 사용하고 있지. 그러므로 게임짱님의 경우, 하루에 시간을 얼마나 인터넷에 쓰고 있는지를 적어보는 것도 좋은 체크 방법이 될 거야. 나는 한 시간밖에 하지 않았다고 여겼지만, 실제로는 2시간 이상 하고 있을지도 모르거든.

✏️ 왜 인터넷, 스마트폰 중독에 빠지게 되는 걸까?

게임짱님의 질문 중에 인터넷, 스마트폰 중독에 왜 걸리는지도 있는데, 여기에 대해서도 이야기해볼까 해. 일반적으로 사람은 여러 중독에 걸릴 수 있단다. 어른들은 알콜 중독, 일 중독, 쇼핑 중독, 도박 중독, 성 중독 등에 빠질 수 있거든. 청소년들은 생활 패턴상 인터넷 중독, 스마트폰 중독, 채팅 중독 등에 빠질 가능성이 높아. 알콜 중독이든, 인터넷 중독이든, 중독은 삶의 균형이 깨지면서 발생하게 되는 거야.

어른이나 청소년이나 상관없이 중요한 삶의 영역이 크게 세 가지가 있어. 하루 24시간을 보낼 때 일, 사랑, 여가의 세 영역을 골고루 사용하게 되어 있거든. 일 영역에는 학업, 회사일, 일상적인 일, 심부름 같은 일로 생산적인 활동을 하는 것을 말해. 사랑 영역에는 존중, 인정, 우정 같은 마음을 사람들과 느끼고 나누는 영역이야. 예를 들면, 가족과 함께 밥을 먹는 일, 친구들과 함께 수다를 떠는 시간 등이 있어. 여가 영역에는 쉼, 재충전을 위해 하는 활동들이 들어가. 자는 것, 노는 것 같은 활동을 들 수 있어. 각 영역을 명확히 구분할 수도 있지만 서로 혼합되어 진행될 수도 있어. 우리는 이 세 가지 영역에서 골고루 만족을 얻고, 생활 속에서 균형을 유지해야 건강한 삶을 영위할 수가 있단다.

예를 들어 볼게. 공부(일)가 싫어서 많이 놀았는데(여가), 그 놀았던 대가로 내 자신이 한심해 보이고 속상해서(사랑) 더 친구들과 놀게 되고(여가), 그러다 보니 아빠 엄마가 공부를 안 하냐고 화를 내고(사랑). 스트레스 받아서 또 놀게 되고(여가)… 세 영역이 균형을 이루지 못하면 생활에서 문제가 발생하여 힘들게 되는 거야. 처음에는 그냥 공부를 하지 않은 것이었는데 그 다음에는 자신과 타인의 인정을 받지 못하므로 사랑 관계가 깨지고, 그러다 보니 놀이에 지나치게 의존하게 되어 균형이 깨지는 거지. 이 과정에서 중독이 생길 수 있어. 왜냐하면 사람은 부족한 부분을 채우려는 속성이 있거든. 사랑이 부족한 걸 놀이로 채우려고 놀이의 공간을 크게 잡거나, 놀이의 부족한 공간을 일로 채우기 위해 일의 공간을 크게 잡아버리면 일 중독, 놀이 중독이 되는 거지.

　그러니 내가 인터넷, 스마트폰 중독에 빠지기 전에 어떤 영역이 무너지기 시작했는지를 잘 점검해볼 필요가 있어. 다른 영역을 밀고 나가는 것이 아니라 주어진 내 영역의 균형을 지키는 게 매우 중요해. 이건 꼭 그 활동에 할당된 시간의 균형을 말하는 건 아니야. 내 마음과 생각, 정신이 어디에 집중되었는지 확인해보는 거야. 내 마음이 가는 곳에 시간과 돈을 투자하게 되거든. 만약 게임 짱님의 마음이 게임에 더 많이 가 있다면 당연히 게임에 더 많은 시간과 돈을 투자하고 있겠지. 그러면 일단 균형이 깨진 거라고 보아도 좋아.

　보통 중독은 자존감이 낮은 상태에서 빠지게 돼. 어떠한 순간에도 내가 괜찮은 사람이라는 믿음이 있어야 하는데, 그러지 못하니까 만족감이 덜해지는 거거든. 그 만족감을 채우기 위해서 무언가에 빠져야만 되는 거지. 내가 나를 믿지 못하니까 친구의 기분 나빠하는 표정이 다 나 때문인 것 같은 착각을 할 수도 있는 거야. 그러면 불안해서 친구 관계를 잘 맺지 못하게 될 수도 있고. 그러다 보니 친구보다는 인터넷이 더 재미있어지는 방향으로 흐르는 거지.

그밖에 열등감이 높은 사람, 화가 많은 사람, 우울감이 높은 사람, 불안이 높은 사람, ADHD가 있어서 집중력이 어렵고 과잉행동하는 사람들이 인터넷, 스마트폰 중독에 빠지기가 쉬워. 그리고 환경적으로 가정 내에서 안정감이 부족하거나 부모님이 나를 잘 돌봐주시지 않거나 주변에 친구들이 별로 없을 때에도 인터넷, 스마트폰 중독에 빠지기 쉽지. 만일 나에게 이런 약점들이 있는지 살펴보고, 만일 중독에 빠지기 쉬운 상황이라면 더욱 인터넷, 스마트폰을 멀리하는 것이 중독을 예방하는 방법이라는 거 잊지 말자.

게임사가 파놓은 게임의 함정,
얼마나 알고 있니?

"제 스마트폰 요금이 이렇게 많이 나온 이유는 템(아이템)을 사려고 그런 거예요. 겜을 잘하려면 좋은 무기가 있어야 하거든요. 렙업이 되면 좋은 무기를 받을 수 있는데 애들은 시간을 많이 들여서 노동을 해요. 열심히 겜을 해야 한다는 뜻이죠. 아니면 돈을 주고 템을 사야 해요. 근데 우리 같은 학생들이 시간을 투자하는 데는 한계가 있잖아요. 빨리 렙업하고 겜을 끝내려면 무기가 좋아야 하니까 자꾸 템을 사게 돼요. 그래서 스마트폰으로 결제했죠. 어떤 친구는 자기는 공부한다고, 다른 애에게 레벨업을 시켜달라며 돈을 주고 알바 시키는 애도 있어요. 걔는 한 달 용돈을 많이 받거든요. 그렇게 하면 무기도 세고, 레벨도 높으니까 게임을 하면 금방 고수가 된단 말이예요."
(중 1, 남) 📱

어떤 남학생이 상담실에 와서 억울하다고 소리를 높여서 하소연을 했어. 그 친구의 말은 자기도 처음부터 스마트폰 요금이 30만 원이 나오기를 바란 것은 아닌데, 엄마한테 혼날 줄 알면서도 자신도 모르게 자꾸 휴대폰 결제를 하게 되었다는 이야기야. 계속 게임에서 지다 보니까 '한판 만', '한판 만 더' 하게 되고, 시간은 자꾸 흐르고 학원이나 숙제도 잊게 된다는 거지. 엄마가 허락한 게임 시간은 하루 한 시간인데, 그 시간만으로는 게임을 제대로 즐겼다기보다는 하다 만 것 같은 생각이 들게 된대. 그래서 그 시간 내에 게임에서 이겨보려고 더 강력한 무기를 쓰다 보니 스마트폰 요금이 저렇게 많이 나오게 된 거지. 학원에도 빠지지 않고 가고 싶은데, 짧은 시간에 게임을 하려니 감질나고, 자꾸 지니까 속상하고 그래서 돈을 투자하는 방법을 선택했을 거야.

'그래. 오죽 이기고 싶었으면…. 공부도 해야 하고, 게임도 잘하려고 하니 마음이 조급했을까.'하는 마음이 들기도 했어. 하지만 얻는 것이 있다면 잃는 것이 있다는 것을 잊지 말아야 해. 게임 아이템을 얻은 만큼 나도 모르게 야금야금 결제한 3천 원, 5천 원들이 모여 큰돈이 된다는 것도 잊지 않아야 하고.

"쌤! 저 오늘 빨리 끝내주세요. 20분만 일찍 가면 안 돼요?"

"빨리 가야 하는 특별한 이유가 있어?"

"오늘 이벤트 한단 말이에요."

"어! 무슨 이벤트?"

"오늘 리니지 무기 방출이라구요."

"이벤트 자주 하잖아. 오늘 말고 다른 날 받으면 안 되는 거야?"

"쌤!! 오늘은 그동안 잘 풀지 않았던 마력 회복제를 준다구요."

"그게 뭔데?"

"아휴~ 마력 회복제도 몰라요? 마시면 체력이 회복되고, 막강해지는 약이예요. 그거 돈 주고 사려고 하면 비싸요. 안 그래도 PC방 비로 돈을 써야 하는데 그런 데 쓸 돈이 어디 있어요. 이번 이벤트로 꼭 따야 돼요."

(초 6, 남)

그 친구는 쌤을 그렇게 한참이나 졸랐어. 온통 이벤트에 대한 생각뿐이어서 상담도 대강대강 했지. 다음 주가 되어서 그 친구에게 지난번 이벤트는 어떻게 되었느냐고 물었더니 늦지 않게 가서 이벤트에 참여할 수 있었대. 그런데 그동안 모아놓았던 금화가 모자라서 회복제를 많이 받지는 못했다고 하더라.

게임사 이벤트는 중간 중간에 작은 선물이 주어지고, 그 선물들이 모이면 큰 무기를 살 수 있게 되어 있어. 또는 렙업이 빨라지는 이벤트도 있고, 간혹 배틀을 열어서 실제 상품이나 상금이 주어지기도 해. 이벤트는 갑자기 나올 때가 많아서 수시로 게임을 하고 있어야 참여할 수 있대. 그러니 학생들은 상담을 하면서도 게임사 이벤트에 참여하지 못할까 봐 마음을 조이게 되는 거야. 많은 출석이 인정되면 선물을 받기도 하고, 다양한 이벤트도 매번 있으니까 게임에 더 빠지게 되는 거지.

✔ 곳곳에 자리한 게임회사의 영업 전략에 걸려들다

이렇게 게임에는 유저들을 끌어들이려고 하는 고도의 전략이 숨어져 있어. 많은 게임 유저들은 알면서도 게임에 빠져들고는 하지. 마치 드라마에서 결정적 장면에서 끝나 시청자들이 다음회를 아쉬워하며 기다리다 또 보게 되는 것처럼 게임에도 그와 같은 장치들이 마련되어 있어.

게임에도 이런 영업 전략이 숨어져 있단다. 너희도 아마 알고 있을 거야. 처음에 게임을 알리기 위해 무료로 사용하게 하다가 일정 기간이 지나면 유료로 전환되는 게임들이 대표적인 영업전략 중 하나야. 특정한 무기가 있어야만 레벨업이 되는 것도 게임사가 파놓은 함정이야. 캐릭터와 무기의 선택도 계층에 따라 다르게 해놓는 것도 영업 전략이야. 유저들이 꼭 그 계층에 다다르고 싶게 만들거든. 세련되고 멋진 캐릭터, 강력한 무기는 높은 계층에만 존재하니까.

유명 스마트폰 게임 중에는 게임에 필요한 하트를 캐시로 사서 써야 하거나, 다른 인맥을 초청해서 그 게임에 참여시켜야만 하트를 받을 수 있게 게임이 설정되어 있어. 그러한 게임의 설정 역시 영업 전략이야. 하트를 받기 위해 돈을 쓰거나, 게임 유저를 늘리려는 전략에서 설정된 것이지. 간혹 쌤도 얼굴만 알고 있고 친하지 않은 사람들에게 하트를 위해 초대 메시지가 올 때도 있어. 그럴 때는 참 씁쓸해진단다. 온라인상이긴 해도 아무 안부 인사도 없이 게임용 하트를 얻기 위해서만 관계를 유지하는 것 같아서 말이지.

게임사의 숨겨진 함정에 대해 더 살펴볼까? 게임사에서는 데이터 관리를 하고 있으므로 자주 로그인하는 사람들이 누군지도 알고, 언제 입장했다 퇴장하는지 그 시간도 알고 있단다. 학생들은 이벤트 선물을 받으면 스스로 이벤트를 잘해서 행운으로 생긴 선물인 줄 착각하지만, 이 역시 데이터를 바탕으로 게임사가 깔아놓은 마케팅에 걸린 것에 불과해. 게임사에서는 유저들이 접속해 있는 시간대에 그들을 현혹하기 위해 멘트를 던지거든. "10분만 더 하면 누구나 기관총 득템!" 같은 문구를 본 적이 있지? 게임을 하고 있을 때 이런 문구가 계속 플래시로 쏟아지면 누구나 10분을 더 하고 싶어지지 않을까? 10분만 더 하면 기관총을 받을 수 있다고 하니 말이야. 그 10분 동안 학원은 이미 지각인데도 포기할 수 없는 선물인 거지.

어떤 게임사는 유저들이 스스로 게임 제작자가 된 것처럼 착각하게 해. 게임사에서 만든 게임을 즐기다 유저들이 게임을 파생해서 만들 수 있도록 장치를 해놓는 거지. 그렇게 되면 이야기가 끝나지 않으니 계속 새로운 게임이 나오고, 그것에 도전하는 수많은 유저들로 인해 많은 수입을 올리거든. 이 방법은 프로그램의 개발 소스를 올려주고, 변형할 수 있는 방법을 알려주는 거야. 프로그램을 만드는 법을 알려주는 거지. 큰 틀은 바뀌지 않는데 거기에 색상이 바뀐다든지, 싸우는 방법이 살짝 바뀐다든지. 전투장으로 가는 지름길이 생긴다든지 하는 추가 방식이야. 그럼 사용자는 기본 맵에서 길을 하나 만들어서 A−1을 만들고, 다른 사용자가 또 A−1−1을 만들고… 그러다 보면 비슷하나 새로운 게임이 계속 생성되는 거야. 큰길은 하나인데, 그 길에 붙어 있는 골목, 골목 안에서 왼쪽으로 다시 오른쪽으로 난 길, 50미터 짧은 골목에서 다시 오른쪽, 왼쪽으로 골목을 연결해서 만드는 듯한 느낌일 거야. 기본적으로 게임 제작의 원리가 함정이야. 유저가 조작하기에 어렵지 않으면서도 게임 이야기가 끝나지 않아야 한다고 했거든. 끝나지 않는 이야기, 각자가 주인공인 것처럼 느끼게 하는 착각의 원리, 늘 새롭게 만나는 게임 상대, 자신을 가꾸는 것처럼 만드는 캐릭터의 변신, 강해지는 무기, 그리고 이기고 싶게 만드는 목표, 성취하면 따라오는 각종 보상 등.

게임 제작자들은 게임에서 어떤 요소가 재미없게 하는지 분석하고, 그것을 보완하는 작업을 해. 한번은 게임을 연구하는 교수님이 몇 년간 1등 자리를 놓치지 않는 게임에 대해 이야기해주셨는데, 1등을 하는 노하우는 다른 것이 아니래. 그동안 게임에서 지루하게 만드는 요소를 완벽하게 보완한 게임이라 계속 1등을 하는 거라고 했어. 문제는 이 게임에 빠지면 모두 헤어 나오기가 힘들다는 거야. 이 게임 때문에 게임 중독자가 많아지는 거라고 하더군. 또 다른 게임 제작자는 자신의 자녀만큼은 이 1등 게임을 시키지 않을 거래. 게임회사에서 중독이 되기 쉽게끔 만들어놓은 거나 다름없는 게임이라 그렇다고 하더라. 무슨 게임인지는 쌤이 굳이 말하지 않을게.

이처럼 게임은 자꾸 발전해서 스마트폰에서도 온라인 게임처럼 게임을 할 수 있게 되었어. 게임 유저들은 더 늘어났고, 단순하면서도 중독성 있는 게임으로 나이 드신 어른들도 게임에 빠져드는 일이 늘고 있지. 예쁘고 앙증맞은 게임들은 여성 사용자들이 많이 하고 있고, 마치 영화처럼 스케일이 큰 게임들은 TV 광고로도 많이 볼 수 있어.

쌤은 인터넷중독예방 상담센터에서 일하면서 게임 제작자분들을 초청해 강의를 자주 들었어. 게임회사에서 사용하는 여러 전략들에 대해서도 알게 되었지. 게임사도 하나의 회사이기 때문에 수익을 내어야 그 회사가 운영되고, 그곳에서 근무하는 직원들도 월급을 받을 수가 있어. 안정적인 수입을 위해서 게임회사가 고도의 상술을 부릴 수밖에 없다는 것을 이야기하지. 그래서 게임사는 나름대로 유저들이 손해를 보지 않도록 여러 경고 문구를 띄우거나 장시간 동안 게임을 하면 강제 퇴장되는 조치를 하는 등 여러 장치를 해놓는다고 해.

하지만 쌤은 그래도 십 대인 너희들이 게임에 쉽게 빠지기 쉬운 함정들이 너무 많은 것이 매우 염려돼. 게임을 하면서 십 대들이 그런 함정을 간파하거나 통제할 수 있기는 아직 어렵거든. 금전적인 손실만이 아니라, 게임에 투자하는 시간과 노력, 그로 인해 생기는 여러 현실의 문제들은 말할 수도 없이 많아. 그래서 너희들이 게임을 하면서 꼭 한 번쯤 떠올려 보았으면 해. '내가 어쩌면 게임회사의 함정에 빠져 있는 건 아닐까'란 질문을 말이야.

이왕 게임을 하겠다면, 게임회사가 돈을 벌기 위해 만든 중독성 깊은 게임보다는 사회에 기여할 수 있는 교육용 게임을 만들게끔 모니터도 하고, 요청할 수 있는 똑똑한 게임 유저가 되었으면 해. 쌤의 바람으로는 게임회사 역시 어린 유저들이 온라인과 오프라인의 균형을 이룰 수 있는 일, 게임에서만이 아니라 현실에서도 즐거운 삶을 살 수 있도록 하는 일에 관심을 가졌으면 좋겠어.

진짜 세상에서
게임 즐기기

이제까지 디지털 세상이 주는 즐거움은 무언지, 한편으로 잃을 수 있는 것은 무언지를 살펴보았어. 온라인 세계도 중요하지만 오프라인 세상이야말로 우리가 실재하는 진짜 세상이라는 것도, 현실에서의 만족하지 못한 부분을 가상의 세상에서 얻으려는 우리의 마음에 대해 함께 볼 수 있었어. 사실 스마트폰을 하면서도, 마음 한편으로는 불안하고 '내가 왜 이럴까?' 하며 고민하기도 했을 거야. 현재는 매우 불만족스러워서 벗어나고 싶은데 벗어나지지도 않을 것 같고. 잘하고 싶은데 그러기도 쉽지 않고, 생활의 균형을 잘 잡고 싶은데 자꾸 중심을 잃고 치우치고. 그런 시간 속에서 '나는 역시 안 돼'라는 결론을 내렸을 수도 있어.

하지만 그렇게 방황하고 흔들리는 것이 당연한 너희들이란다. 너희는 모르겠지만 쌤이 보기에 너희는 정말 똑똑하고 대단해. 어른들보다 훨씬 빠르게 원하는 정보를 얻을 수 있고, 우리 생활에 도움이 되는 디지털 기기도 잘 다룰 수 있어. SNS나 가상세계에서 너희들이 보여주는 톡톡 튀는 아이디어와 신선한 도전들은 쌤을 감탄하게 만든단다. 어른들보다 명쾌하고, 어른들보다 빠르고, 어른들보다 응용력이 높고, 어른들보다 변화의 가능성이 많은 너희들이야. 뜨거운 열정과 몇 시간씩 앉아서 하나에만 몰두할 수 있는 집중력과 체력, 놀라운 순발력과 적응력은 어른들은 결코 따라가지 못하는 것들이야. 그러니 너희, 스스로를 믿어볼 수 있기를 바란다.

내가 발을 딛고 서 있는 이 땅은 스마트폰 속 디지털 세상보다 훨씬 긴장감이 넘치는 세상이야. 게임보다 더 재미있는 일들로 가득하지. 이곳에서 접하는 기쁨 혹은 슬픔, 좌절들은 몹시 생생하고 스펙타클해. 웃음도 있다가 눈물도 있다가 아주 변화무쌍하단다. 게임에서 주는 금화보다 더 값지고, 스릴이 넘치는 곳이야. 주위를 기울여보면 영화보다 더 영화 같은 이야기가 가득한 곳이야. 게임에서 울리는 팡파르보다 더 진한 감동이 있고, 가상세계의 '좋아요'와 하트, 수많은 댓글보다 더 따뜻한 관계를 맺을 수 있는 곳이지. 나와 관계된 사람들이 계속 움직이는 곳, 볼거리와 즐길거리, 먹을거리, 해볼 거리가 많아서 게임의 어떠한 이야기보다 다채로운 스토리가 많은 사람들의 세상이야. 그 사람들을 하나씩 알아가고 그들에게 좋은 영향력을 미치는 것만으로도 재미있는 게임은 시작되고 있는 거야.

현실은 지루하다고 말해도 너희도 실은 알고 있을 거야. 너희가 진짜 승부수를 걸고 싶은 곳은 판타지의 무림세계가 아니라 이곳, 내가 서 있는 이 땅이라는 걸. 게임에서 승리를 하듯이 진짜 내가 있는 세상에서 짜릿한 승리를 하고 싶고, 사람들의 갈채를 받고 싶다는 걸. 내가 주인공으로 서고 싶다는 걸 말이야. 다만, 그것이 쉽지 않아서 인정하기가 싫을 뿐이지.

우리가 디지털 세상과 떨어져서 살 수 없는 시대에 살고 있다면, 앞으로도 그럴 거라면… 스마트한 십 대들답게, 스마트하게 삶을 살아보자. 진짜 세상에서 주인공으로 살고 디지털 세상에 지배당하지 않게끔 말이야. 그러기 위해서 몇 가지 노하우를 알려주고 싶어. 현실과 가상 생활의 균형을 잡고, 더 나아가 세상의 중심에서 '나'라는 존재를 제대로 보여주기 위한 노력을 기울여보는 거야.

⚡ 불균형에서 벗어날 수 있을까? :
생각 바꾸기, 스마트한 디지털 행동 수칙

❶ 생각 바꾸기

답 : 벗어날 수 있고말고.

나의 게으름에서 벗어날 수 있을까? "벗어날 수 있지."

나의 한심한 생활에서 벗어날 수 있을까? "물론이지."

스마트폰이나 컴퓨터를 많이 사용하는 생활에서 벗어날 수 있을까? "당근이지."

왜냐하면 나는 아직 가능성이 많으니까.

왜냐하면 나는 잘하고 싶으니까.

왜냐하면 나는 아직 진짜 실패하지 않았으니까.

왜냐하면 나는 아직 진짜 게임을 시작하지 않았으니까.

'코끼리 길들이기'를 알아? 인도나 태국 같은 나라에서는 사람들이 코끼리를 타는 관광이 있고, 코끼리가 불쇼나 공을 굴리는 서커스를 하잖아. 야생의 코끼리는 사람보다 덩치가 크고 힘이 센데, 어떻게 도망도 가지 않고 사람들을 잘 따르게 되는 걸까? 맘만 먹으면 앞발로 사람을 공격할 수도 있고, 긴 코로 나무를 뽑아 던질 수도 있을 텐데 말이야. 왜? 답은 '절대 도망갈 수 없는 존재'라고 코끼리를 속였기 때문이야.

코끼리가 태어난 지 얼마 되지 않았을 때, 코끼리의 뒷발에 아기 코끼리보다 무거운 쇠구슬을 발목에 채운다고 해. 아기 코끼리는 발을 움직여서 이곳저곳 다녀보려 하지만 아무리 힘을 써도 쇠구슬은 풀리지 않고 몸은 쉽게 움직이지 못해. 그렇게 반복하다가 아기 코끼리가 자라면 이제 쇠사슬을 풀어주어도 코끼리는 도망가지 않고 그 자리를 그냥 지키게 되는 거야. 여전히 자신이 자유롭게 움직일 수 없다고 믿고 있으니까. 그때부터 사람들은 코끼리를 자신이 원하는 일을 하도록 길들이는 거야.

어쩌면 우리 역시 그런 길들임에 속아왔는지도 몰라. 나는 이이상 잘하기는 어렵고, 나는 이 습관을 떨쳐낼 수 없다고 말이야. 하지만 이것은 길들임에 따른 결과물일 뿐이야. 언제든 우리에게는 벗어날 수 있는 의지와 힘이 있다는 것을 깨달아야 해. 벗어날수 있다고, 디지털 세상이 아닌 현실에서도 즐겁게 지낼 수 있다고, 당차게 대답해보자. 그렇게 생각을 바꿔 먹어보자. 생각을 바꾸면 우리가 느껴왔던 감정 역시 달라지게 돼. 좌절감이 아닌 자

신감을 얻을 수 있는 거야. 그래야 너희들이 원하는 진짜 게임을
즐길 수 있겠지.

❷ 스마트한 디지털 라이프 행동 수칙

온오프 생활의 균형을 잡아나가기 위해서는 몇 가지 실천이 필
요해. 아무리 바빠도 생활에서 충분히 실천해볼 수 있는 것들이니
꼭 시도해보자. 작은 실천이지만 일상에 변화를 가져오기에는 충
분하거든.

▼ 하루 30분 햇볕 쬐기

학교 갈 때 햇빛 보는 거 말고, 일부러 시간을 내서 30분은 햇볕
을 쬐어주렴. (단, 너무 쨍한 날씨는 피부에 좋지 않으니 시간을 짧게 하
자.) 집에 가는 버스에서 좀 일찍 내려서 30분 정도를 걸어서 집에
와도 좋고. 점심시간에 산책을 하든, 운동을 하든 30분은 햇볕을
쬐어 보자. 햇볕이 주는 힐링 효과는 생각보다 무척이나 커. 햇빛
을 일정량 받지 않으면 우울증에 걸릴 확률도 커져. 햇볕을 쪼이
면 피로감을 덜어낼 수 있고, 식욕도 좋아지며 몸에 필요한 비타
민도 생성이 돼.

∨ 일주일에 두 번 이상은 2시간 이상 야외 활동

일주일에 두 번이야! 컴퓨터와 스마트폰을 아예 놓고 밖으로 나가서 활동해보자. 자전거를 타든, 맛집 탐방을 떠나든, 고궁에 가보든지, 바깥에서 활동하는 시간을 정기적으로 가져보자. 아예 하지 않아서 모르는 것도 있을 거야. 바깥에서 활동을 늘리다 보면, 무엇을 하고 놀지, 무엇을 하고 싶은지에 대한 생각도 더욱 많아지게 돼. 그렇게 되면 오프라인 생활의 비중도, 관계도 늘어나게 될 거야.

∨ 연령에 맞는 게임과 사이트 이용하기

영화에도 '전체 관람가', '12세 관람가', '15세 관람가', '청소년관람 불가'가 있듯이 앱이나 사이트, 게임에도 등급이 있어. 해당 연령 청소년의 정서에 해가 되거나 건강한 성장에 방해가 되는 것은 접하지 못하도록 규정하고 있는 거야. 디지털 세상을 즐기는 것은 좋지만 나의 건강한 성장을 위해서 연령에 맞는 게임과 사이트를 이용하자.

∨ 유해 사이트 차단 프로그램 깔기

어른들도 유혹에 약한데, 아직 통제력이 부족한 청소년들은 더 유혹을 참기 힘들어. 아빠, 엄마와 상의해서 유해 앱, 유해 사이트를 차단하는 프로그램을 깔고 당당하게 디지털 세상을 즐길 수 있길 바랄게. 부모님이 '자녀'라는 키워드로 검색해서 부모님의 휴대폰에 같이 프로그램을 설치하는 건데, 내가 균형 있게 사용하지 못할 때 부모님이 도와주실 수 있는 방법이야.

유해정보 차단 프로그램 설치를 통한 관리

✱ 스마트보안관을 설치한다. T스토어, 구글플레이, KT올레마켓, U+앱마켓 등 오픈마켓과 한국무선인터넷산업연합회 홈페이지에서 QR코드로 설치할 수 있다.
주요 기능은 불법, 유해 앱 실행 및 접속 차단, 유해 콘텐츠 탐지 및 차단, 앱 설치 목록 및 접속 사이트 확인, 설치 앱 및 접속 사이트 차단, 스마트폰 설치 앱 이용시간과 제한시간 설정, 위치 확인 가능

✱ 도움되는 어플
• 모모 : 정해진 시간까지 스마트폰 잠금 기능
• 킵톡 : 엑스키퍼 모바일 자녀용 앱
• 자녀스마트폰 관리 : 스마트폰에 설치된 유해 앱 검사, 사용량 등
• 어플 정리 : 한 달에 한 번 불필요한 애플리케이션을 정리한다.

※출처 : 미디어중독 상담사 양성과정 강의 중에서

∨ 디지털 기계의 사용 시간을 정해놓고 쓰기

아무 생각 없이 스마트폰을 하다 보면 몇 시간을 했는지도 잘

모르게 돼. 게임을 얼마 하지 않은 것 같은데 금방 시간이 지나가 버리잖아. 그만큼 스스로 통제하기가 힘든 게 디지털 기기들이야. 그러니 '오늘은 스마트폰을 몇 시간 하겠다'라고 총 사용 시간을 결정하고 시작했으면 좋겠어. 스마트폰 세 시간, 컴퓨터 두 시간 이렇게 따로 계산하지 말고 총 사용 시간을 정해서 그 안에서 쪼개 쓰는 노력이 필요해.

∨ 스마트폰과 컴퓨터 앞에 타이머 놓기

초침이 째깍째깍 울리는 알람시계를 눈에 볼 수 있는 곳에 놓아두는 것은 시간을 관리하는 좋은 방법이 되거든. 아날로그시계가 없으면 디지털시계도 좋아. 몇 시인지 확인하는 사이에 디지털 세상에서 벗어날 수 있도록 환기해주니까 무작정 빠져들지 않게 할 수 있지. 일정 시간이 지나면 벨이 울리거나 음악이 울리는 타이머를 사용하면 더 좋겠지. 한 시간을 맞춰놓으면 어김없이 한 시간이 지났다고 알려줄 테니.

∨ 대체 활동 만들기

많은 친구들이 디지털 기기를 사용하는 이유가 스트레스를 받을 때 간편하게 이용할 수 있어서야. 게임이나 채팅, SNS, 웹툰 등을 보며 손쉽게 스트레스를 풀거나 시간을 때울 수가 있는 거지.

그러니 이런 목적을 이뤄줄 수 있는 오프라인 활동을 늘린다면, 스마트폰이나 디지털 기기에 의존하는 생활을 줄일 수 있겠지?

자, 컴퓨터 대신, 스마트폰 대신, 할 수 있는 일을 찾아보자. 단, 지나치게 단순해서 아무 흥미를 불러일으키지 않는 일은 피하는 걸로 하자. 예를 들면, 화분에 물 주기, 강아지 밥 주기 같은 일은 흥미도나 성취감 면에서 스마트폰을 이기기가 힘들거든. 대체 활동은 목표가 있고, 적절한 도전 욕구를 불러일으키고 성취감을 얻을 수 있는 일로 정하는 것이 좋아.

어떤 친구는 요리책을 붙들고, 요리를 해보기로 했어. 내가 한 요리를 가지고 친구들을 초대해서 맛있게 먹는 시간을 가지며 뿌듯함과 성취감을 느꼈대. 또 다른 친구는 악기를 배우고 있어. TV에서 멋지게 기타를 연주하며 노래하는 또래 친구를 보고 나서 기타를 배우기로 한 거지. 벌써 웬만한 코드는 다 익혔다며 매우 뿌듯해 하더라. 적절히 도전하고, 적절히 긴장하고, 적절히 성취감을 얻는 대체 활동을 하는 것은 내가 몰랐던 나를 만나는 시간이 되기도 해. 그 활동을 해내는 자신의 모습을 확인하면서 다양한 진로의 가능성도 탐구해볼 수 있는 거지.

❸ 가족과의 시간을 늘리기

쌤이 만나온 많은 친구들이 외로운 감정으로 인해 디지털 세계를 찾고 거기서 위안을 얻었어. 친구 관계가 힘들 수도 있고, 부모님과 갈등을 겪고 있을 수도 있겠지. 우리는 무수한 관계 속에서 자신의 존재를 확인하며 살아가기 때문에 관계 문제는 청소년기를 지나서도 매우 중요한 이슈가 돼. 나를 둘러싼 관계로 힘들 때 나의 근본이 있고, 내 중심이 있는 곳, 바로 가족이 굳건하면 우리는 외로움도 어려움도 버틸 수가 있어. 그러기 위해 가족과 일정 시간을 보내며 소통하는 것은 매우 필요하고, 많은 디지털 중독 문제를 해결해준단다.

한 달에 한 번씩 가족끼리 함께하는 행사를 만들어보는 것도 좋아. 이런 행사는 꼭 부모님이 주도할 필요가 없단다. 너희 역시 당당히 너희의 목소리를 높이고 이야기할 수 있는 나이이므로 어떤 행사든 제안할 수 있어. 가족끼리 영화를 보러 가자고 해봐도 좋고, 맛있는 음식을 함께 만들어 먹어도 좋아. 가끔 미술관이나 박물관, 근교로 여행을 가보자고 제안해봐도 좋고. 아마 부모님이 여건이 어렵더라도 가능한 범위에서 실현 가능한 대안을 이야기해주실 거야. 그 안에서 함께 시간을 보낼 방법을 정해도 좋겠지.

유용한 애플리케이션이 있다면 가족끼리 공유하는 것도 좋은 방법이야. 아빠에게 유익한 애플리케이션을 찾아서 알려드리고, 너희도 들어가면 좋을 애플리케이션을 추천받기도 하면서 공통분모를 늘려 가보렴. 혹은 이따금 아빠와 엄마와 이야기가 잘되지 않는 것 같다면 '역시 부모님과는 얘기가 안 통해'란 불만만 하고 있어서는 아무것도 달라지지 않아. 그보다는 대안적으로 카톡이나 SNS로 소통해가면서 아빠 엄마와 이해의 시간을 가져보는 것이 더 좋겠지.

ⓘ Smart Youth, Smart Life!

기기를 좀 더 똑소리 나게 이용하려면 우리가 기기에 휘둘리기보다 기기를 응용해서 우리의 생활을 발전시켜나가는 방향으로 이용하는 자세가 필요해. 디지털 미디어의 영역이 점점 넓어지고 있기 때문에 그에 따른 기술력도 따라잡을 수 있어야 하는 현실이거든. 포토샵과 같은 그래픽 프로그램을 배운다거나, 동영상 편집 기술을 배워서 내가 직접 동영상을 찍어 영화를 만들어보는 것도 좋아. 음향 편집 기술, 자료가 삭제되었을 때 복구하는 법, 불필요한 데이터를 정리하는 법, 저장 공간을 많이 늘리는 법. 디지털 세상에는 흥미 위주가 아닌 배워두면 좋은 기술의 세계도 아주 많이 있단다. 이러한 배움들은 나중에 사회에 나가서도 큰 도움이 돼. 엑셀, 파워포인트 같은 문서 작성 능력, 유리한 정보를 빨리 정확히 검색할 수 있는 정보 검색 능력 등 이왕 컴퓨터와 스마트폰으로 시간을 보낸다면 게임에만 집중하지 말고 진짜 세상에서도 써

먹을 수 있는 능력과 기술들을 익혀보자.

그리고 스마트하게 디지털 생활을 해나가려면 모니터도 잘해야 해. 주변에 폭력성 글을 유포하거나 잘못된 동영상을 유포하는 이들은 없는지, 내 친구가 왕따나 폭력을 당하고 있지는 않은지, 우리 주변에 어떤 일이 일어나는지를 살펴보고 잘못된 일이 벌어지면 의견을 제시할 수도 있잖아. 청소년에게 해가 되는 사이트는 무엇이 있는지, 거짓된 정보나 사기성 글로 청소년을 유혹하고 있지는 않는지, 저작권을 침해해서 남의 창작물을 도용하고 있지는 않은지도 모니터해보자. 그러면서 자신의 생각을 키워나가고 무엇이 옳고 그른지에 대한 판단과 기준을 마련해나간다면 디지털 세대로서 더 스마트한 십 대들이 될 거야. 디지털 세상을 이용해서 더 나은 현실이 되도록 생각해보자.

이제 내 삶의 주인으로
나를 존중하기로 했어!

십 대 청소년들에게 인기 있는 유명 인사들이 누가 있을까? 박지성, 김연아, 빌 게이츠, 마크 저커버그 등등. 이들의 공통점을 찾아보자면 바로 자신의 열정을 아낌없이 발휘했다는 점이야.

쌤도 너희들이 매일 열정을 쏟을 수 있는 무언가를 찾고 있다는 걸 알아. 스마트폰을 하면서도 한편으로는 '나도 무언가를 열심히 하고 싶다'고 생각하고 있다는 것도 알고 있어. 그러면서 '나는 할 수 있는 게 없잖아'하고 마음을 접다가 펴다가를 반복하고 있다는 것도 '나중에 하고 싶은 것이 있겠지'하며 미루고 있다는 것도.

쌤이 디지털 중독에 빠진 친구들을 봤을 때 가장 안타까웠던 것이 바로 이것이었어. 마음속으로만 수천 번의 고민과 좌절을 거듭하고 있다는 것이었지. 막상 실천해보면 그렇게 어려운 것이 아닌 것도, 마음으로만 늘 고민하니까 엄청나게 힘든 일처럼 보이게 되는 거야. 쌤은 너희가 실천의 힘을 한번 믿어보았으면 좋겠어. 무언가 대단한 일을 하지 않더라도, 실천 그 자체가 주는 활력과 변화의 힘을 맛보았으면 좋겠어.

눈을 들어서 세상을 봐! 네가 처음부터 운동신경을 타고나지 않았어도, 미술, 음악적 재능이 없었어도, 알파고와 견줄 수 있는 바둑 실력과 명석한 두뇌를 타고 나지 않았어도 할 수 있는 일은 많아. '안 된다'는 생각을 가지고 있으면 실제 안 되는 것보다 훨씬 많은 것을 못하게 돼. 가능성을 스스로 좁혀버리게 된다는 거지. 그것은 내 삶의 주인으로 나를 대접하는 태도가 아니라고 봐. 혹시 '우리 집은 대단하지도 않고 난 금수저도 아닌데 이런 꿈은 말도 안 돼'란 생각을 하고 있다면 그 역시도 너를 존중하지 않는 태도란다. 도전 자체가 주는 경험이 무엇보다 값진 시기가 바로 십 대야. 경험 하나가 내가 몰랐던 또 다른 세상을 보여주기도 하는 시기가 바로 십 대 청소년기란다. 만일 네가 열정을 쏟을 그 무엇을 발견하지 못하고 있다면 그 이유는 세상 탓, 부모 탓, 환경 탓이라기보다는 다른 사람과 비교하며 자신을 작게 생각하고 있는 너에게 있을 가능성이 커. 네가 그토록 싫어하는 '비교'를 너 스스로 하면서 너를 학대하고 있는 셈이니까.

이제 네 삶을 존중하기로 결정했고, 더 잘 살아보겠다고 마음먹었으면 지금부터 하나씩 찾아보면 되는 거야. 단! 열정을 쏟을 그 무엇인가에 대해 지나치게 높은 기대감은 금물이란다. 한 번에 꽂히는 그 무엇을 찾느라고 가능성이 있는 다른 것을 접지 말라는 뜻이야. 한 번에 꽂히는 그 무엇은 매우 찾기가 힘들단다. 또한 꼭 재미있어야만 열정을 쏟을 수 있는 것은 아냐. 잘해야만 열정을 쏟을 수 있는 것도 아니고. 처음부터 짜릿한 성공이 날 기다리고 있고, 놀랍도록 나와 잘 맞아야만 열정을 쏟을 수 있는 건 아니란다. 그러니 과도한 기대감으로 열정을 쏟을 만한 무엇인가를 기다리지 말고, 편하게 접할 수 있는 것부터 시작해보자.

쌤은 말하는 대로 이루어진다는 격언을 믿는 편이란다. "아! 재미없어."라고 말하면 진짜 재미없어지는 느낌이 들 거야. 편하게 시작했는데 몇 번 해보지도 않고 "아! 지루해."라고 말하는 순간 그것도 하기 싫어지게 되는 거야. 그러다 보면 열정을 쏟을 그 무엇을 찾기는 더 힘들어질 거야. 요리를 세 번 해놓고 재미없다고 말하는 건 시기상조란 이야기야. 왜냐하면, 어느 순간 내 실력이 늘어나면서 재미있어질 수도 있고, 하다 보면 몰랐던 지식이 재미있어질 수도 있는 거거든. 어떤 일을 할 때 재미있는지 없는지는 최소 21번까지는 해보고 생각해. 과학적으로 21번 정도 같은 일을 반복하면, 그 일에 익숙해지고 습관이 되기 쉽다고 하거든. 그 일에 어느 정도 적응이 되었을 때 재미와 가치, 적성 등을 평가해 보는 것이 정확한 결과가 될 수 있을 거야. 이건 결코 무리한 횟수가 아니야. 어떤 연구에서는 100번 정도 반복하면 쉽게 무너지지 않고, 꾸준해진다고 하기도 해. 무려 100번에 비하면 21번은 적은 숫자지? 우리가 게임을 할 때, 처음부터 잘하지 않잖아. 한판 더! 한판 더! 하다 보니까 고수가 되는 것처럼 무엇엔가 열정을 쏟고 재미를 느끼는 데는 그만한 과정이 반드시 필요한 거야.

박지성 선수 역시 세계적인 선수가 되기까지 엄청난 연습을 거쳤대. 우리가 국제 경기에서 보는 것처럼 그런 짜릿한 경기만 할 수 있는 직업이 아니야. 매일 지루한 훈련을 피나게 거듭해야만 국제 경기에 출전이라도 할 수 있는 자격이 생기는 거거든. 어떤 때는 같은 자세로 공을 밀어넣기만 계속해야 하고, 어떤 때는 발을 바꾸는 연습만 해야 할 때도 있고, 공하고는 상관없이 달리기 연습만 할 때도 있을 거야. 체력을 키운다고 산까지 몇 번씩 왔다 갔다 왕복 달리기를 할 수도 있는 거야. 아마 박지성 선수도 그 일들이 그렇게 재미있지만은 않았을걸. 그러나 그 과정을 버텨낼 수 있는 끈기와 열정이 있었기 때문에 국제 경기도 멋지게 해낼 자격과 실력이 된 거야. 눈에 보이지 않지만 과정은 그래서 매우 중요해.

쌤은 너희가 어떤 영역에서 최고가 될 수 있다고 생각해. 하지만 재미와 열정만 가지고 있어서는 안 돼. 자신을 잘 관리하고 통제할 수 있어야 하고, 어려울 때 견디는 내공도 있어야 해. 사람들에게 좋은 영향을 끼치겠다는 사명감도 있어야 하고. 다른 사람과 더불어 호흡하는 능력도 필요해. 이러한 능력들은 하루아침에 이루어지는 것들이 아니야. 우리가 현실에서 다양한 경험을 쌓으며 체득해나가는 거지. 그러니 할 수 있는 것부터 '지금 당장' 실천해보면 좋겠어.

자기 자신을 통제하는 능력을 기르기 위해서는 스마트폰으로 당장 실천해볼 수 있어. 스파트폰을 당장 하고 싶다면 속으로 스무 번을 세고 나서 다시 생각해봐. 지금도 하고 싶은지 말이야. 게임을 한판 더 하고 싶을 때 '딱 거기까지만' 하고 제동을 거는 연습을 해보자. 웹툰이나 재미있는 동영상도 하루에 딱 두 개만 보는 연습. 댓글을 달고 싶을 때 그냥 마음을 접는 연습. 그렇게 작은 것부터 연습하면 나를 관리하고 통제하는 데 익숙해져가는 거야.

그 다음부터 내가 하고 싶은 일을 위해 시간을 좀 더 투자해보는 거야. 공부에 도움이 안 될지라도 하루에 딱 20분만 투자를 해본다든지 하는 시도를 해보자. 쉽지는 않지만 5분만 더 해보고, 다음 날은 10분만 더 해보고. 또 11분까지만 더 해보고 그렇게 연습을 늘리다 보면 분명 실력이 부쩍 늘어나 있을 거야. 하다 보면 새롭게 만나고 피드백을 주고받는 사람들도 생기게 될 거고, 책을 통해서 배우는 지식도 늘어날 거야. 나만의 '노하우'도 생길 거란다.

자! 오늘부터 다시 시작이야. 도전! 박지성을 외치든지, 도전! 빌 게이츠를 외치든, 무엇이든 네가 닮고 싶은 사람을 외치면서 너만의 시작 사인을 만들어 봐. 네가 원하는 꿈을 향해 발돋움하는 그날까지 과정의 힘을 믿어보자.

우리를 이렇게 도와주세요 ＊^^＊

이 부분은 청소년을 어떻게 도와주셔야 하는지 부모님이
읽어야 하는 부분입니다. 부모님께서 읽으실 수 있도록
청소년 여러분이 권해주세요.

스마트폰에 빠진 자녀들을 보면 한숨이 나오고, 걱정스러운 마
음이 들 것입니다. 아이들이 부모님께는 통통거리고, 무슨 질문에
도 "몰라."라고 대답하면서, 스마트폰을 할 때면 눈이 반짝거리고

집중하는 모습을 보이니 기가 막힐 수도 있을 겁니다. 가족과 함께 대화를 한 적이 언제인지, 밥을 먹을 때도 스마트폰을 놓지 않고, 게임 때문에 도통 움직이려 하지 않으면… 많이 답답하고 힘드실 겁니다. 이러다 우리 아이의 인생이 실패하는 것은 아닐까 하는 불안감이 부쩍 커지고, 성적이라도 떨어진다면 꼭 스마트폰이 우리 아이를 망쳐놓은 것 같은 생각이 들 수도 있어요. 훈계해도 안 되고 타일러도 안 되고, 화도 내봤다가 소리도 질렀다가 해도 바뀌지 않는 아이들 때문에 절망을 느끼는 부모님들을 많이 봅니다.

부모님들이 디지털 세상에 빠진 우리 아이들을 어떻게 도와주셔야 할지에 대해 이야기를 해볼까 합니다. 청소년은 스스로 알아서 잘할 수 있다고 생각하지만, 사실 자신을 잘 통제하기 힘들고 아직은 미숙한 시기입니다. 때문에 디지털 세상의 문제가 무엇인지 잘 모를 수 있습니다. 게다가 인터넷, 스마트폰 과다 사용 문제나 중독 문제는 스스로는 해결할 수 없는 일입니다. 부모님이 먼저 알고 나서 청소년 자녀를 도와주어야 하는 부분들이 있습니다. 그렇기 때문에 부모님이 자녀와 함께 걸어주시고, 편견 없이 봐주시고, 함께 애써주시는 노력이 필요합니다.

❶ 청소년의 특성을 먼저 알아주세요

청소년은 내면적으로 불안이 아주 높습니다. 몸은 어른이 되었으나 심리와 정서는 아직도 어린아이와 같기 때문이에요. 내가 이제 곧 어른인데 삶의 내용도 어른으로서 책임을 다할 수 있을지에 대해 확신이 없기 때문에 청소년들은 매우 답답해합니다. 무엇보다 내가 지금 어른인 건지, 아니면 아이인 건지에 대한 통합이 안 돼서 헷갈리는 순간이 아주 많지요. 어른과 아이, 양쪽에서 어느 쪽을 선택해야 할지 혼란스럽거든요. 어른을 선택하자니 독립할 준비가 되어 있지 않고, 아직 꿈도 없고 능력도 부족해서 미래가 암울하기만 합니다. 어린아이를 선택하자니 왠지 자존심이 상하고, 부모님의 기대나 사회의 기대에 부응하지 못하는 한심한 사람인가 싶어서 스스로 인정할 수 없는 겁니다. 그러다 보니 양쪽에 발을 걸치고 이러지도 저러지도 못하면서 전전긍긍하게 됩니다. 이러한 심리적 과도기로 청소년의 내면은 매우 불안하고 예민해져갑니다. 부모님이 생각하시는 것보다 훨씬 더 불안하고 화가 나고 좌절되고 그래서 우울해진다는 뜻입니다.

❷ 디지털 세상에 대한 막연한 불안감을 놓아주세요

"우리 애가 전에는 안 그랬는데, 게임을 하면서부터 애가 변했어요. 엄마에게 대들고 소리 지르고. 짜증을 내는 게 다 스마트폰이 애를 망쳐서 그래요."

"휴대폰 그만하고 공부 좀 했으면 좋겠어요."

"스마트폰을 손에서 놓지 않아요. 어쩌면 그렇게 말을 안 들어요."

"스마트폰이 우리 애를 망칠 거예요. 틈만 나면 공부는 안 하고 스마트폰만 하고 있으니 걱정이에요."

부모님이 상담실에 오시면, 가장 많이 하는 말씀들입니다. 모든 부모님이 한결같이 이런 걱정들을 하십니다. 부모님은 아이들이 말을 잘 듣는다는 기준을 '공부를 잘하는 것'이라고 생각하고 있습니다.

앞에서 말씀드린 것처럼 우리 청소년은 아주 불안합니다. 그래서 누가 말을 걸면 짜증이 나고, 강하게 압박하면 더 강하게 밀쳐내고 싶은 심리가 작용하지요. '이제 나도 어른인데 좀 믿어주세요'라는 마음의 소리를 거세게 표현합니다. '자신을 건드리지 말아달라.', '나를 자유롭게 해달라.'라고 말은 안 해도 온몸으로 표현하고 있습니다. 아이들이 아직 표현의 기술이 미흡해서 "엄마, 저는 지금 혼자 있고 싶으니까 잠시만 기다려 주세요."라고 차분히 말할 줄 모를 뿐이지요. 그래서 짜증이 많고, 반항적인 태도를 자주 보입니다. 이런 태도를 스마트폰 때문이라고 오해하지 말아주세요. 오히려 모든 원인을 디지털 생활 쪽으로 돌리는 것이 아이들을 그 세계로 몰아가는 악순환이 될 수 있어요.

조금만 이상하면 "스마트폰 중독이야.", "인터넷 중독이야."라고 말하지 않으셨으면 합니다. 인터넷 중독이 아이들을 거칠게 만드는 것이 사실이지만, 인터넷을 하고 스마트폰을 하기 때문에 그렇게 화를 내고 소리를 지르는 것이 아닌 경우가 훨씬 더 많습니다. 부모님의 압박이 힘들어서, 공부 스트레스로, 친구 문제로 골치 아파서 이유도 매우 다양합니다. 스마트폰, 인터넷이 없어도 우리 아이들이 공부만 할 수는 없을 거예요. 시키는 대로 공부만 하고 있는 자녀들은 그렇게 많지 않습니다. 공부 대신 아이들은 무엇이든 하고 있을 겁니다. 스마트폰이 없어도 아이들이 공부를 하지 않으려면 무슨 일이든 할 겁니다.

공부에 대해서는 부모님들이 좀 더 마음의 여유를 가지는 편이 현재 문제를 해결하는 방법이 됩니다. 우리 아이들이 공부를 잘했으면 좋겠다는 바람은 지극히 당연하지만 그것이 오히려 아이와의 관계를 해치는 수준은 아닌지를 살펴보았으면 합니다. 아이가 태어났을 때, '건강하게만 자라다오'라고 기대했던 그 마음을 다시 기억해주셨으면 합니다. 지식적인 공부가 아니라 좋은 사람으로 잘 살아나가는 공부도 매우 중요한데, 그 공부는 부모와의 좋은 관계에서 배우게 되거든요. 또한 '한 사람으로서 어떻게 살 것인가'를 알고 '자기 삶을 주도하고, 자신의 삶을 행복하게 살아낼 수 있는 사람'으로 성장하는 것도 매우 중요합니다. '다른 사람과 더불어 살고, 조화를 이루는 것'도 중요합니다. 청소년이 좋은 공부를 할 수 있도록, 여러 기회를 경험하도록 조금만 여유를 주시면 좋겠습니다.

부모님들이 아이에게 '인터넷 과도 사용자', '스마트폰 중독자'라고 말할수록 아이의 생활은 달라지지 않습니다. 그렇지 않아도 자신이 한심하고 잘하는 게 없다고 생각하는 아이들에게 '중독자'라고 낙인을 찍으면 아이들은 '그래. 나는 어차피 노력해도 소용없는 사람이야'라고 스스로를 받아들이게 되거든요. 그러면 긍정적인 변화가 일어나지 않습니다. 그렇게 대접받은 청소년은 상담실에 오는 것도 거부하거든요. 부모님이 이미 '중독자'라고 문제아를 만들었기 때문이에요. 만일 '내가 문제라서 상담을 받으러 가야 하는구나'라고 생각한다면 누구라도 거부감이 생기지 않을까요? 그렇게 되면 진짜 아이에게 문제가 생겨서 도움을 주어야 할 때 도움을 주지 못하고, 적절한 치료를 받지 못하게 할 수 있습니다.

디지털 가상세계에 대해 막연한 불안감이 있다면 이렇게 생각해보셨으면 합니다. 그곳 역시 아이들이 경험하게 되는 또 다른 사회라고요. 가상세계에서도 잘 지내기 위해서는 예의를 갖추어야 하고, 협업을 해야 합니다. 자신의 역할이 있으며 그 역할에 최선을 다하는 성실함과 책임감도 배우게 됩니다. 가상세계에도 사회와 경제가 존재하고 그에 따른 원칙과 도덕성, 양심을 배우게 됩니다. 판단력과 기획력, 추진력과 도전, 열정과 집중, 리더십이

요구되기도 합니다. 그 속에서도 내가 누구인지를 끊임없이 찾을 수 있습니다. 그러므로 디지털 세상이 아이들을 망친다고만 생각하지 마시고 디지털 세상이 자연스러운 아이들에게는 필요한 과정일 수 있음을 받아들여 주셨으면 합니다. 다만, 균형을 가지고 현실의 자신에게도 충실할 수 있도록 지도해주시는 것이 중요합니다.

❸ 청소년에게는 친구와 마술이 필요해요

청소년들은 자신이 내면의 압력으로 터지기 전에 그것을 해소할 무엇인가를 찾고 있습니다. 자기 딴에는 잘 살기 위해서 자연스럽게 그렇게 하는 것입니다. 그것이 친구이고, 스마트폰과 인터넷이에요. 자녀들은 부모님의 말을 듣지 않아도 또래 친구의 말은 듣습니다. 왜냐하면 '나와 같은 존재가 또 있을까?'라는 심리적 위로를 찾고 있을 때, '아, 나와 같은 사람이 있구나', '내가 비정상이 아니고 이상한 애가 아니구나'라는 확신을 주는 존재이기 때문이죠. 나와 같은 아이를 통해 안도의 한숨을 쉬고, 나와 통하는 그 친구로 인해 삶에 희망을 갖게 되기 때문입니다. 친구는 그들에게 있어 놓아서는 안 될 전부입니다.

청소년에게 디지털 세상 역시 친구이고 마술이에요. 그들은 스마트폰이나 인터넷을 통해 친구 대신 위로를 받고 있으며, 그것을 통해 스트레스를 풀고는 합니다. 디지털 세상을 통해 '나'라는 존재를 알리고 싶고, 세상과 소통하고 싶어해요. 디지털 세상을 통해 나의 작음을 감추고 요술이라도 부려서 멋져 보이는 내가 되고 싶어합니다. 청소년에게 디지털은 강력한 지존일 수 있습니다.

　우리나라 청소년은 더 높은 스트레스를 겪고 있는 실정을 부모님도 충분히 공감하시리라 생각합니다. 좁은 땅덩어리에서 잘 살려면 꼭 성공해야 하고 좋은 대학을 가서 살아남아야 한다고 배우고 있습니다. 유아·유치원 때부터 대학을 목표로 높은 학습능력을 요구받고 청소년기에 이르면 학원을 몇 개씩 다녀도 성공의 문턱을 넘지 못할 것 같다는 불안감에 시달립니다. 그렇게 노력해도 청년 백수가 여전히 많고, 도전의 기회가 많이 제한되는 환경 속에 있습니다. 청소년이 자신이 누구인지, 무엇을 잘하고 못하는지 찾아보고 도전할 수 있는 환경이 부족한 상황임을 알아주셨으면 해요. 정보가 많아지고 복잡한 사회가 될수록 청소년에게 '전능함'을 은연중에 요구하게 됩니다. 이렇게 강도 높은 압박이 계속되는 것에 비해 청소년을 위한 놀이문화는 별로 없습니다. 어릴 적에 넓은 공터에만 나가도 이것저것 놀 게 많았던 우리 시대와는 다릅니다. 형제끼리 복닥거리며 위로나 지지를 받기도 어렵고, 이웃집을 넘나들며 밤늦게까지 놀지도 못합니다. 산이나 들로 맘껏 뛰어다니는 세상도 아닙니다. 그러니 그들이 쉽게 접할 수 있는 디지털 문화의 일부를 즐거운 놀이 도구로, 스트레스를 푸는 장난감으로 삼는 것을 이해하는 시각이 부모님들께도 필요합니다.

❹ 청소년에게 선택의 자유를 주세요

청소년이 스마트폰(인터넷)을 균형 있게 사용하게끔 하려면 혼내고 협박하는 것이 아니라 자유를 주는 편이 훨씬 더 효과적입니다. 아이러니하게도 그렇습니다. 그 이유는 인터넷에서 청소년들이 충족하려는 것이 바로 이 자유와 독립이기 때문이에요. 특히 게임에서는 게임 종류도 내 맘대로, 게임 대상도 내 맘대로, 무기도 내 맘대로 선택하고 누구의 구속 없이 자유롭게 선택할 수 있습니다. 스스로 독립적으로 행동하고 생각하게 됩니다.

그렇다고 해서 아이가 하고 싶은 것을 마음대로 하게 허락하라는 의미는 아니랍니다. 하지만 대화의 측면에서 청소년에게 자유를 주실 수 있어요. 부모님이 아침부터 저녁까지 얘기하는 수많은 간섭과 잔소리를 줄이는 것이지요. 부모님들이 대화라고 생각하는 내용들이 사실 '하라'와 '하지 마라'로 나뉜다는 것을 알고 계시나요?

"일어나라."
"머리 감아라."
"밥 먹어라."

"학원 땡땡이치지 말고 일찍 들어와라."

"공부해라."

"양말 그렇게 벗어 놓지 마라."

"그 친구 사귀지 마라."

"거기 학원 안 좋다. 가지 마라."

"공부 안 할 거면 일찍 자라."

부모님의 이런 말들을 통해 청소년들은 친구조차도, 하물며 내가 입는 티셔츠조차도 내 마음대로 선택할 수 없다고 생각하고, 무엇인가 조여들면서 자유가 없다고 여길 수 있어요. 상대적으로 억눌린 욕구는 다른 것으로 채우고 싶어지게 됩니다. 그러므로 "하라."와 "하지 마라."를 줄이고 대신 "부탁할게.", "해줄래?" 등의 단어를 쓰는 것이 도움이 됩니다.

이렇게 부탁의 말을 하려면 부모님이 잔소리를 대거 가지치기 하셔야 합니다. 진짜 중요한 몇 가지만 잔소리를 하고, 다른 잔가지들은 상관없는 것처럼 개의치 않으셔야 아이들이 자유롭다는 느낌을 받을 수 있습니다.

아침에 일어나지 않으려는 아이에게 계속 잔소리를 하는 것이 아니라, 어떻게 하면 아이가 스스로 일어날지 행동을 고민하고 연구하셔야 합니다. 예를 들면, 알람을 맞춰놓고 스스로 일어나서

끌 때까지 몇 번씩 알람을 울리게 놓아둔다든지 식의 행동을 교정하는 방법을 써야 합니다.

참! 문자로도 잔소리하지 마세요. "언제 들어와?", "학원 갔니?" 이런 문자는 애들이 답을 하지 않는 문자이고, 잔소리에 속하는 말이거든요. 대신 가끔 보내는 문자에 사랑을 담아서 연애하듯이 그런 문자를 보내주세요. 단답형으로 대답이 돌아와도 서운해하지 마시고요. 그 또래 아이들의 대답 방식이 원래 그렇답니다. 부모의 애정이 담긴 문자를 아이들은 처음에 닭살 돋는다고 하면서도 내심 좋아합니다. 그렇다고 "넌 잘될 거야!" 식의 부담되는 멘트도 날리지 마시구요.

두 번째로 '게임을 충분히 했다'라고 느끼는 만족감을 주게끔 하는 것입니다. 게임 전문가들은 일반적인 청소년은 3시간 정도면 '충분히 게임을 했다'고 생각하고 스스로 게임을 마무리한다고 합니다. 게임회사의 자체 조사 데이터에도 그러한 결과가 나왔습니다. 그렇다고 해서 청소년에게 매일 3시간씩 게임을 허락할 수는 없겠지요. 그렇기 때문에 주말만큼은 맘껏 게임을 하도록 흔쾌히 허락해주신다든지 하는 조정이 필요합니다. 평일에도 게임을 할 텐데, 매일 1시간씩만 하도록 지도하는 것은 아이 입장에서는 더 감질나기 때문에 균형을 잡기 힘듭니다. 차라리 2~3일에 한 번씩 좀 길게 게임을 하도록 허락하시는 편이 낫습니다. 이때 중요한 것은 부모님의 감시(뭐 하는지 방을 들여다본다든지, 과일을 가져다주면서 쳐다본다든지) 또는 잔소리 없이 온전히 게임에만 집중하도록 분위기도 자유로워야 한다는 것입니다. 그래야 한 시간을 했든, 더 했든지 '충분히 했다'는 느낌이 들거든요.

❺ 아이에게 칭찬을 많이 해주세요

인터넷상에서 청소년은 사람들의 인정이나 칭찬을 찾고 있습니다. 부모님이 현실에서 많이 칭찬해주시고, 잘한 일에 대해 보상을 충분히 하시면 디지털 세상에서 그런 것을 찾지 않습니다. 이렇게 말씀드리면 많은 부모님이 "우리 아이는 칭찬할 게 없습니다."라고 하시거든요. 그런데 칭찬거리가 없어서가 아니라 부모님의 기준이 너무 높아서 만족하지 않으시는 겁니다. 부모님의 눈높이는 90점을 맞아야 칭찬할 만하다고 보시지만, 아이의 입장에서는 85점을 받았더라도 그 점수를 받기 위해 꾸준히 책상에 앉아 노력했으니 보상을 받고 싶어지는 거거든요. 그러므로 결과에서 칭찬거리를 찾지 마시고 과정에서 칭찬거리를 찾으셨으면 합니다. 아이가 컴퓨터를 조금씩 덜 사용하려는 시도라도 보인다면 "노력하는 모습이 보기 좋다.", "애써줘서 고맙다."라고 격려와 칭찬의 말을 해볼 수 있겠지요.

❻ 가족 규칙을 만드세요

청소년이 스마트폰(인터넷)을 균형 있게 쓰게 하기 위해서 가족의 규칙이 필요합니다. 예를 들어서 스마트폰을 쓰더라도 '식사 시간에는 만지지 않는다.', '저녁 10시 이후에는 아빠 엄마에게 휴대폰을 맡긴다.' 등의 규칙을 정하는 겁니다. 물론 이러한 규칙을 부모님이 제시하면 강제가 되고 잔소리가 됩니다. 아이 스스로 지킬 수 있는 규칙을 만들게끔 함께 토의하고, 합당한 합의점이 나올 때까지 규칙을 만들어가야 합니다. 청소년을 대등한 토론 상대로 여기고 존중하는 자세를 취해주세요. 일방적으로 부모님이 제안하시면 청소년은 듣지 않으니까요.

규칙을 잘 지킬 때의 보상 제도와 아닐 때의 벌칙 규정도 함께 논의해서 정하시면 도움이 됩니다. 무엇보다 부모님의 모범을 보이는 것도 필요합니다. 업무를 한다는 이유로 아버지도 스마트폰을 식탁에서 마음대로 하면서, 아이에게는 밥 먹는데 집중하라는 것은 잘못된 일이지 않을까요? 스마트폰을 일정 시간 쓰지 않기로 했으면 부모님도 아이 앞에서는 자제하는 모습을 보여야 합니다.

만약 잘 지켜지지 않았을 때 스마트폰을 압수하기로 했다면, 반드시 그렇게 하셔야 합니다. 일관성 없이 아이에게 스마트폰을 어떨 때는 줬다 어떨 때는 빼앗는 식이면 청소년은 규칙을 우습게 여기게 됩니다. 또한 정해진 기간 없이 부모님의 감정대로 한 달,

두 달, 혹은 무기한 금지 식의 벌칙을 쓰면 청소년의 분노를 가중시킵니다. 경고하고, 실행하되 청소년이 이해할 수 있도록 논리를 가지고 명확한 이유를 설명한 후에 벌칙을 수행해야 합니다. 그렇기 때문에 이 또한 합의가 매우 중요해요.

참, 가급적 자녀를 칭찬할 때 보상으로 문화상품권이나 게임 아이템을 사주는 행동은 하지 않는 편이 좋습니다. 문화상품권보다는 외식을, 혹은 아이들이 좋아하는 뮤지션의 콘서트 티켓을 주시면 좋습니다. 경제적으로 부담이 된다면, 칭찬 쿠폰을 몇 장 모으면 티켓을 주는 식의 이벤트를 활용해도 좋습니다. 어떤 가정에서는 게임에서 쓰는 가짜 금화를 칭찬 코인으로 쓰기도 한답니다.

중요한 팁을 한 가지 더 말씀드리고자 합니다. 평소에 다른 약속은 안 지키다가 청소년이 스마트폰을 그만하게 하려는 의도에서 하는 약속은 효과가 없습니다. 다른 것에도 서로 토론하고, 합의해보고 의견을 조율하는 모습들이 이루어져야 합니다. 아울러 평소에 부모님이 강압적이고 권위적으로 대화하면 가족의 규칙이 잘 지켜지지 않습니다. 자녀와 존중의 대화를 하고, 자녀를 믿어주고, 자녀 스스로 할 수 있도록 선택의 기회를 주고 … 이런 분위기가 전제되어야만 가족 규칙이 효력을 발휘할 수 있습니다.

❼ 자녀와 같이 시간을 보내주세요

청소년 자녀와 아버지와의 관계가 소원할수록 인터넷 중독이 높다는 연구 결과가 있습니다. 부모와의 시간은 아이에게 현재의 재미를 일깨워주게 합니다. 매주는 아니더라도 한 달에 두 번이라도 자녀와 야외활동을 해보세요. 아이와 등산을 다녀오세요. 영화를 같이 보세요. 음악을 같이 들어도 좋고 기차 여행을 가도 좋습니다. 도서관에 가서 아이와 같이 책을 고르세요. 같이 쇼핑을 다니거나 사진을 찍으러 가도 좋아요. 카톡 대화방에서 가족끼리 회의도 하고 가끔 같이 게임도 해주세요. 부모님이 함께할 활동에 대한 아이디어를 생각하지 못한다면 자녀에게 기획해보도록 기회를 주세요. 부모님보다 훨씬 재미있는 아이디어로 가족 행사를 계획하지도 모릅니다.

참, 이 시간 동안에는 평소 하지 못했던 말을 한꺼번에 쏟아내는 식의 대화는 금물입니다. 부모님과의 시간이 즐거워야 하는데, 부모님의 당부와 부탁, 기대감을 쏟아놓는 시간이 된다면 아이는 다시는 부모님과 함께 시간을 보내려고 하지 않을 겁니다. 부모님의 의견이 다 옳다고, 부모님 생각대로만 하자고 강요하지도 않아야 합니다.

❽ 최소한의 데드라인을 만드세요

스마트폰을 사줄 때는 가급적 최저의 데이터를 사용하는 것을 선택하세요. 자녀의 연령과 규칙을 지키는 정도에 따라서 데이터 용량을 늘려 줄지를 고려하시면 좋겠습니다. 그리고 반드시 자녀 안심 관리 시스템을 확인하셔야 합니다. 통신사에 따라서 '자녀 안전'을 위한 여러 제도가 있습니다. 애플리케이션이나, 제도에 따라서 부모님의 스마트폰으로 자녀의 스마트폰 시간을 설정하는 서비스도 있고, 일정 시간 사용하면 자동적으로 꺼지는 시스템도 있습니다. 유해 사이트를 차단하는 프로그램이 같이 운용될 수도 있습니다. 부모님이 감시하기 위해서가 아니라 자녀를 잘 지도하기 위한 의도이므로 사전에 청소년 자녀의 동의를 구하시면 좋습니다.

컴퓨터 게임이나 스마트폰 게임을 할 때, 아이템을 사기 위해 쓰는 신용카드, 휴대폰 결제 등의 금액 한계를 분명히 정해두셔야 합니다. 가급적이면 부모의 동의 없이 구매하지 않도록 핀 번호와 신용카드 번호 등은 부모님이 직접 관리하셔야 합니다. PC방에서 무리하게 용돈을 지출하지 않도록 용돈 관리를 철저히 하도록 지도해주시면 좋습니다.

자녀에게 자유를 주시되, 최소한의 행동 반경은 정하시고 그 선을 넘지 않도록 관리하셔야 합니다.

❾ 가정이 안정적으로 되도록 힘써주세요

매일 싸우는 부모가 있다면 청소년이 인터넷 중독에 빠지기 쉽습니다. 부모가 안정적인 모습을 보이고, 든든해야 청소년도 흔들리는 가운데 빨리 제자리로 찾아갈 수 있거든요. 부모가 자녀 중에 편애를 하면 아이는 마음에 상처를 입고, 자꾸 현실을 도피하려고 합니다. 부모가 높은 기대감으로 자녀를 압박하면 아이는 자신의 존재를 부정당하기 때문에 인정해주는 어딘가로 빠지고 싶어 합니다. 부모가 한숨을 쉬며, 불안정하면 그 부모의 불안은 온전히 청소년에게 쏟아지고 청소년의 불안이 더 올라갑니다.

무엇보다 부모님 두 분이 행복해지셔야 합니다. 남편이 행복하고 여유가 있어야 아내를 편하게 대하게 되고, 아내가 편하고 행복해야 자녀에게 집중되는 에너지가 분산됩니다. 자녀를 잘 키운다는 이유로 부모 자신들보다 자녀에게 집중하면 자녀가 오히려 부담이 커지고 위축됩니다.

❿ 자녀의 자존감을 키워주세요

자존감이 낮을수록 인터넷 중독에 빠지기 쉽고, 스마트폰을 달고 살게 됩니다. 자녀 스스로가 '나는 괜찮은 사람'이라고 인식할 수 있도록 부모님이 도와주세요. 자녀가 작은 것이라도 성취하는 기쁨을 맛보게끔 목표를 쪼개어 주세요. 구체적으로 분명한 방향을 제시하도록 도와주세요. 부모님이 자녀를 키우면서 알고 있는 자녀의 성취를 자주 일깨워주세요. 한 단계씩 스텝을 밟을 때마다 잘했다고 응원해주는 것도 필요합니다. 부모님의 말과 행동이 일치되는 태도로 자녀를 사랑해주세요. 말로는 사랑한다고 하면서 자녀를 냉담하게 보는 이중적인 태도는 자녀로 하여금 불안감을 느끼게 합니다. 일관성 있고, 신뢰를 주는 진실함으로 자녀를 대해주는 것이 아이의 자존감을 높이는 데 도움이 됩니다. 자녀를 존중한다고 하면서 믿지 않고 뒤에서 자녀를 조종하려고 하면 자존감을 키울 수 없습니다.

부모님이 청소년을 잘 이해하고, 청소년의 좋은 친구, 좋은 마술이 되어주세요. 부디 부모님과 청소년의 사이가 좋았으면 합니다. 부모님의 사랑이 왜곡되지 않고, 있는 그대로 자녀에게 전달되었으면 합니다. 충분히 사랑받고 있고, 충분히 안정되었다고 느낄 수 있도록 부모님이 힘쓰셨다면, 아이에게 갖출 수 있는 기본 영양소는 다 마련된 상태입니다. 이 상태에서는 약간의 충고와 행동만으로도 스마트폰(인터넷)을 균형 있게 사용할 수 있게 됩니다.